Le cahier

trans math 6e

Joël Malaval

Annie Plantiveau
Frédéric Puigredo

Nathan

Sommaire

Conforme au programme de mathématique 6e – Bulletin officiel Spécial n° 6 du 28 août 2008

NOMBRES ET CALCULS

1 Nombres entiers • Nombres décimaux

1. Chiffres et nombres entiers 6
2. Nombres décimaux 7
3. Comparaison de nombres décimaux 8
4. Valeurs approchées 9
5. Perfectionnement 10
6. QCM et jeux 11

2 Addition – Soustraction

7. Vocabulaire • Propriétés • Tables 12
8. Techniques de l'addition et ordre de grandeur 13
9. Techniques de la soustraction 14
10. Perfectionnement 15
11. QCM et jeux 16

3 Multiplication

12. Multiplication par un nombre entier 17
13. Multiplier par 10 ; 100 ; 1 000 ; 0,1 ; 0,01 ; 0,001 Changer d'unités 18
14. Multiplication de décimaux et ordre de grandeur 19
15. Perfectionnement 20
16. QCM et jeux 21

4 Division

17. Division euclidienne 22
18. Multiples, diviseurs et critères de divisibilité 23
19. Division décimale 24
20. Perfectionnement 25
21. QCM et jeux 26

5 Écritures fractionnaires

22. Écriture fractionnaire d'un quotient 27
23. Fractions et demi-droite graduée • Quotients égaux 28
24. Prendre une fraction d'une quantité 29
25. Perfectionnement 30
26. QCM et jeux 31

27. Socle commun – compétence 3 32-33

ORGANISATION ET GESTION DE DONNÉES, FONCTIONS

6 Proportionnalité

28. Situations de proportionnalité 34
29. Passage par l'unité et règle de trois 35
30. Appliquer un taux de pourcentage 36
31. Perfectionnement 37
32. QCM et jeux 38

7 Organisation de données

33. Tableaux : lire, utiliser, interpréter 39
34. Tableaux : organiser des données 40
35. Représentations graphiques 41
36. Perfectionnement 42
37. QCM et jeux 43

38. Socle commun – compétence 3 44-45

Photographie de couverture :
Golden Gate Bridge, San Francisco, USA
© HEMIS/Philippe Renault.

© Éditions Nathan 2013 – ISBN : 978-2-09-171960-3

Sommaire

GÉOMÉTRIE • GRANDEURS ET MESURES

8 Premiers pas en géométrie

39. Points, droites, demi-droites, segments 46
40. Longueurs, cercles 47
41. Exemples de polygones 48
42. Perfectionnement 49
43- QCM et jeux 50

9 Droites parallèles, perpendiculaires

44. Droites perpendiculaires • Médiatrice d'un segment 51
45. Droites parallèles • Deux propriétés 52
46. Triangles rectangles • Rectangles et carrés 53
47. Perfectionnement 54
48. QCM et jeux 55

10 Périmètres et aires

49. Périmètre 56
50. Différencier périmètre et aire 57
51. Unités d'aire 58
52. Aires des figures usuelles 59
53. Perfectionnement 60
54. QCM et jeux 61

11 Angles

55. Notation et comparaison 62
56. Mesure d'un angle 63
57. Construction d'un angle • Bissectrice 64
58. Perfectionnement 65
59. QCM et jeux 66

12 Symétrie axiale

60. Figures symétriques • Axes de symétrie 67
61. Symétriques de figures usuelles 68
62. Symétrique d'une figure plus complexe 69
63. Axes de symétrie d'un segment, d'un angle... 70
64. Perfectionnement 71
65. QCM et jeux 72

13 Symétrie axiale et figures usuelles

66. Triangles particuliers : description 73
67. Quadrilatères particuliers : description 74
68. Construction de triangles et quadrilatères . 75
69. Perfectionnement 76
70. QCM et jeux 77

14 Parallélépipèdes rectangles • Volumes

71. Parallélépipèdes rectangles : patrons 78
72. Représentation en perspective cavalière ... 79
73. Unités de volume et de contenance 80
74. Volume d'un parallélépipède rectangle 81
75. Perfectionnement 82
76. QCM et jeux 83

77. Socle commun – compétence 3 84-85

TÂCHES COMPLEXES

Le tableau 86
La météorite 87
La plantation 88
Alerte tsunami 89
La voiture de demain 90
Les caméras 91
Curiosity 92
Les nageuses 93
Décryptage 94
La citerne 95

TABLES DE MULTIPLICATION **96**

Je découvre mon cahier

14 chapitres comprenant 5 à 6 fiches d'exercices

Entraînement

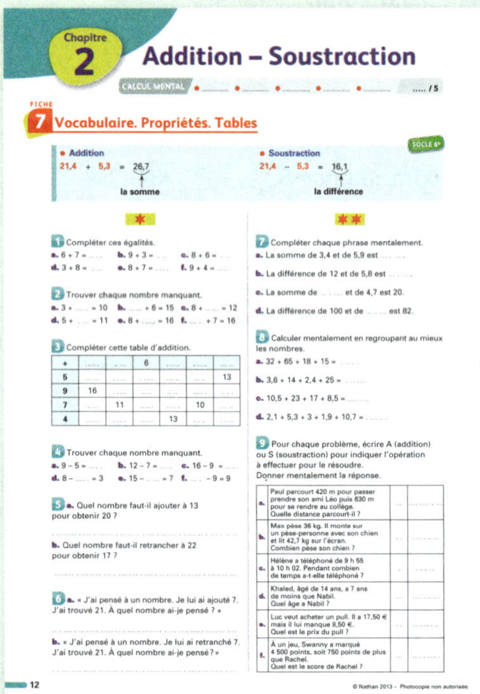

- Calcul mental : pour écrire les réponses
- Rappel de cours
- Exercices ✱
- Exercices ✱✱

Perfectionnement

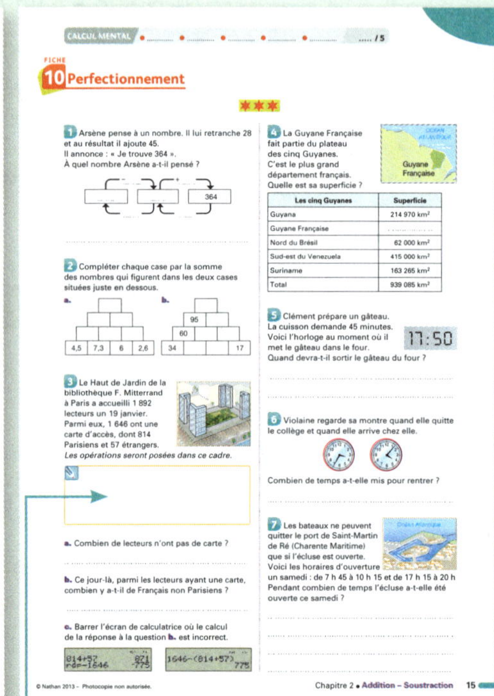

- Exercices ✱✱✱

Cadres pour les opérations et les constructions

QCM et jeux

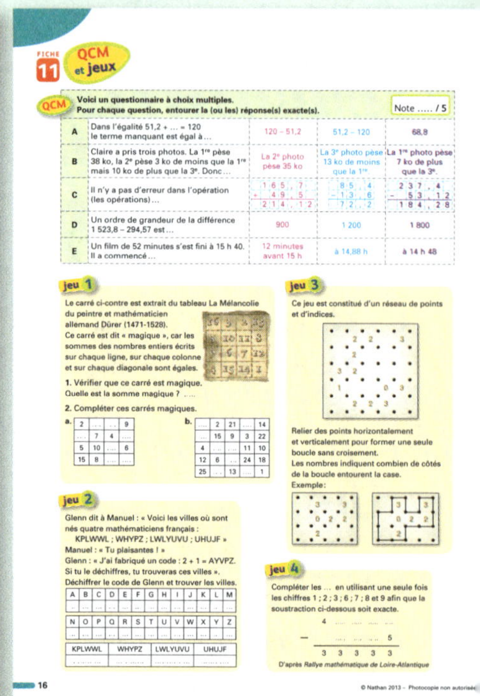

- Un test pour s'évaluer
- Des jeux pour apprendre

À la fin de chacune des trois parties, des pages consacrées au **socle commun**

➤ Pour valider ses compétences

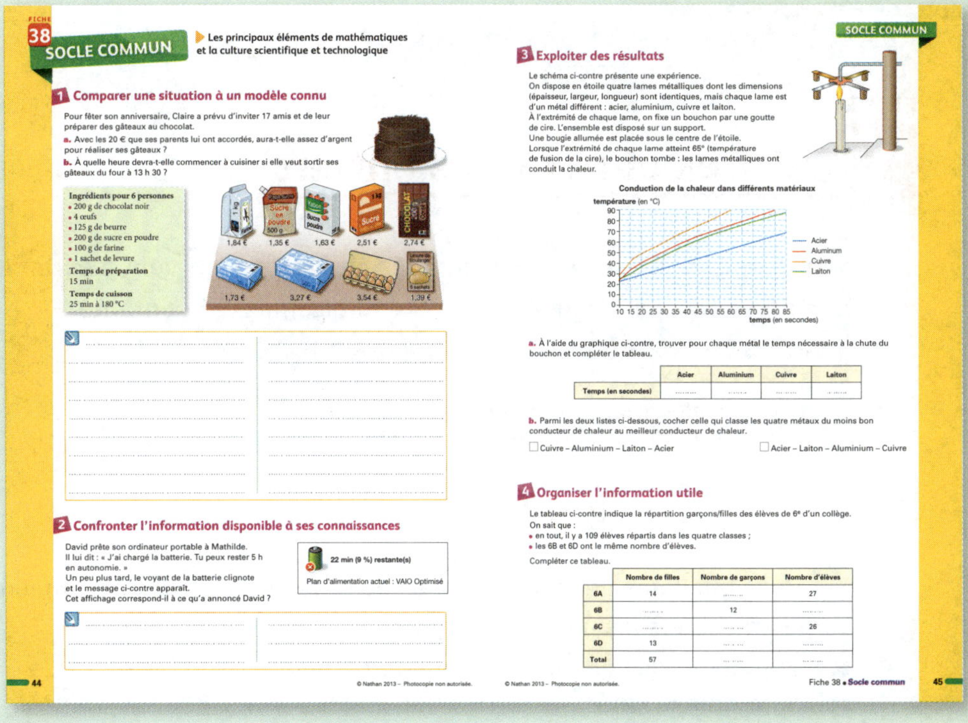

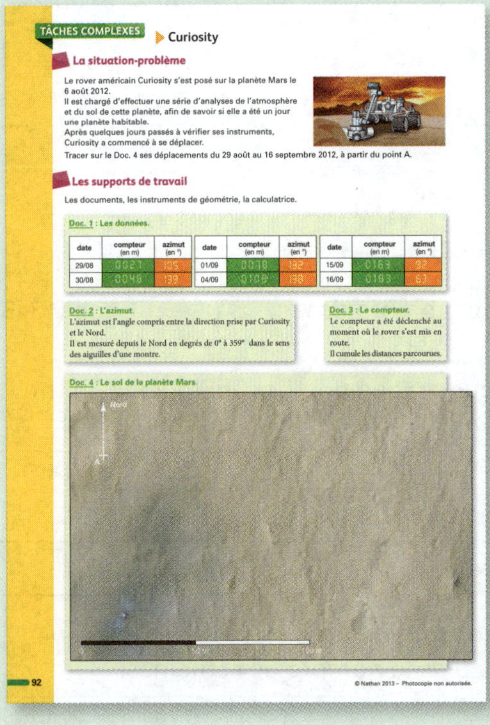

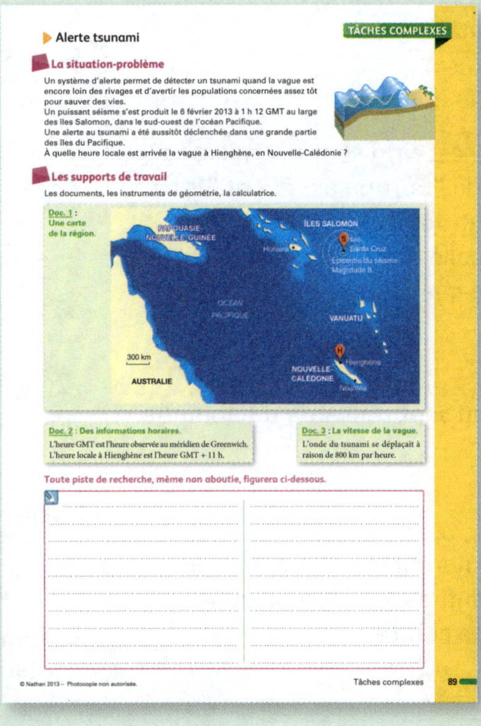

À la fin du cahier 10 **tâches complexes**

➤ Pour aborder des résolutions de problèmes

Chapitre 1

Nombres entiers. Nombres décimaux

CALCUL MENTAL • .... • .... • .... • .... • .... / 5

FICHE 1

Chiffres et nombres entiers

SOCLE 6e

- 0, 1, 2, 3, 4, 5, 6, 7, 8 et 9 sont les **chiffres** qui servent à écrire les **nombres**.
- 10 unités = 1 **dizaine** 10 dizaines = 1 **centaine** 10 centaines = 1 **millier**
- 3 235 = (3 × 1 000) + (2 × 100) + (3 × 10) + 5 — 3 : chiffre des milliers ; 2 : chiffre des centaines ; 3 : chiffre des dizaines.
  3 235 = (323 × 10) + 5 — 323 : nombre de dizaines.

★

1 Voici quelques données à propos de la Terre. Écrire en chiffres les nombres en gras.

a. La longueur de l'équateur est **quarante mille soixante-quinze** km.

....

b. La température moyenne à la surface est de **quinze** degrés, celle à 100 km de profondeur est **deux mille quatre cents** degrés.

....

c. La superficie totale est **cinq cent dix millions cent mille** km^2, celle de l'Europe est **dix millions trois cent quatre-vingt-douze mille huit cent cinquante-cinq** km^2, celle de la France **six cent soixante-quinze mille quatre cent dix-sept** km^2.

....

d. Elle compte environ **sept milliards** d'habitants.

....

2 **a.** Écrire tous les nombres entiers de trois chiffres à l'aide des chiffres 1, 5, 8 sans utiliser plusieurs fois le même chiffre.

....

b. Écrire tous les nombres entiers possibles de trois chiffres en utilisant une seule fois chacun des chiffres 2, 5, 0 et sans zéro inutile.

....

c. Parmi les nombres écrits aux questions **a.** et **b.**, entourer :

- en vert ceux dont le chiffre des dizaines est 5 ;
- en bleu ceux dont le chiffre des centaines est 5.

★★

3 **1.** Compléter :

27 538 = (....... × 10 000) + (....... × 1 000) + (....... × 100) + (....... × 10) + ...

2. Décomposer de la même façon :

a. 35 271 = ...

....

b. 205 064 = ...

....

4 Compléter :

a. 2 345 = (23 × ....) + 45

b. 23 est le nombre de .... de 2 345.

5 **a.** Pour chaque nombre, indiquer le chiffre des dizaines puis le nombre de dizaines.

	764	2 580	4 500
Chiffre des dizaines	....	....	....
Nombre de dizaines	....	....	....

b. Pour chaque nombre, indiquer le chiffre des centaines puis le nombre de centaines.

	1 254	5 708	27 620
Chiffre des centaines	....	....	....
Nombre de centaines	....	....	....

6 Quel est le nombre qui compte :

a. 32 dizaines et 8 unités ? ....

b. 43 centaines et 12 unités ? ....

c. 18 milliers et 25 unités ? ....

FICHE

2 Nombres décimaux

SOCLE 6e

- Une **fraction décimale** est une fraction dont le dénominateur est 10, 100, 1 000, ...
- 237 centièmes = $\frac{237}{100} = 2 + \frac{3}{10} + \frac{7}{100} = 2{,}37$ ← l'écriture décimale

  2,37 = 2 + 0,37 ← la partie décimale (0,37) ; la partie entière (2)
- 52,56 = (5 × 10) + 2 + (5 × 0,1) + (6 × 0,01)

  5 : chiffre des dizaines ; 5 : chiffre des dixièmes

★

1 Écrire les nombres manquants.

a. $1 = \frac{\dots}{10}$ b. $8 = \frac{\dots}{10}$ c. $0{,}5 = \frac{\dots}{10}$

d. $1 = \frac{\dots}{100}$ e. $2 = \frac{\dots}{100}$ f. $0{,}07 = \frac{\dots}{100}$

2 Écrire les nombres manquants.

a. $5{,}2 = \frac{\dots}{10}$ b. $3{,}47 = \frac{\dots}{100}$

c. $0{,}003 = \frac{\dots}{1000}$ d. $0{,}019 = \frac{\dots}{1000}$

3 Écrire les nombres manquants.

a. $2{,}3 = \frac{23}{\dots} = \frac{230}{\dots} = \frac{2\,300}{\dots}$

b. $7{,}15 = \frac{715}{\dots} = \frac{7\,150}{\dots}$

4 Donner une écriture décimale du nombre.

a. $\frac{27}{10} = \dots$ b. $\frac{51}{100} = \dots$

c. $\frac{4}{100} = \dots$ d. $\frac{1200}{1000} = \dots$

5 Pour chaque nombre, donner sa partie entière et sa partie décimale.

Écriture décimale	Partie entière	Partie décimale
3,45	....	....
125,3	....	....
0,38	....	....

6 Parmi les nombres ci-dessous, entourer :
- en vert ceux ayant 1 pour chiffre des dixièmes ;
- en bleu ceux ayant 2 pour chiffre des centièmes.

35,12 17,25 0,21 51,02 245,1 327,512

★★

7 Écrire avec une seule fraction décimale.

a. $5 + \frac{3}{10} + \frac{2}{100}$ b. $8 + \frac{4}{100} + \frac{6}{1000}$

a. ....

b. ....

8 Écrire comme somme d'un nombre entier et d'une fraction décimale.

a. $\frac{84}{10} = \dots$

b. $\frac{327}{100} = \dots$

9 Donner le rang du chiffre 3 dans chaque nombre.

a. 256,43 ....

b. 10,403 ....

c. 0,341 ....

10 Placer une virgule dans chaque nombre pour que 9 soit le chiffre des centièmes. Ajouter ou supprimer un ou des zéros si nécessaire.

a. 1 4 6 5 9 b. 3 8 1 9 7

c. 7 9 3 4 d. 1 0 5 9 0 0

11 Pour chaque cas, barrer celui des trois nombres qui n'est pas égal aux autres.

a.	13 dixièmes	$\frac{13}{10}$	0,13	$1 + \frac{3}{10}$
b.	852 centièmes	$8 + \frac{52}{10}$	$8 + \frac{52}{100}$	8,52
c.	301 millièmes	$\frac{3}{10} + \frac{1}{1000}$	$\frac{301}{1000}$	$3 + \frac{1}{1000}$

FICHE

3 Comparaison de nombres décimaux

SOCLE 6e

L'origine O a pour abscisse 0.

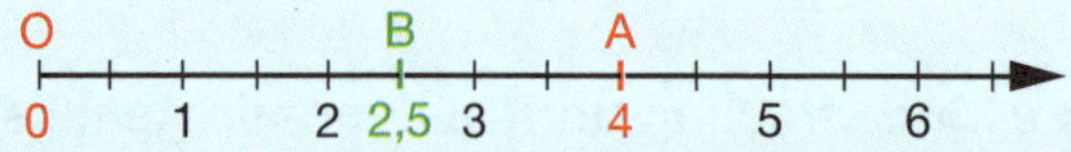

L'abscisse du point A est 4.

● **2,5 < 4** Lire « 2,5 est inférieur à 4 »

● **4 > 2,5** Lire « 4 est supérieur à 2,5 »

● Pour comparer deux nombres décimaux on compare les parties entières.
Si elles sont les mêmes, on compare les chiffres des dixièmes...

★

1 Écrire l'abscisse de chaque point indiqué.

a.

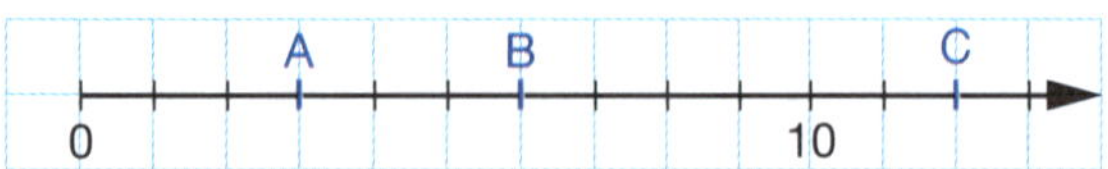

b.

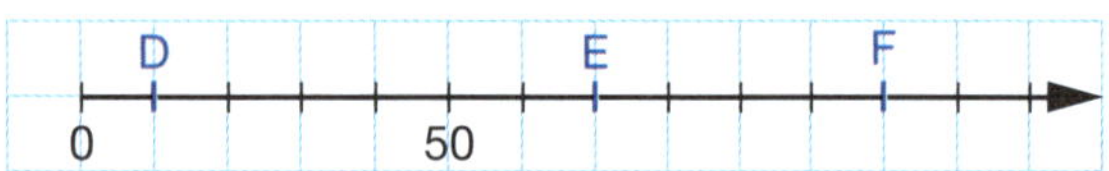

2 Placer le point I d'abscisse 2, le point J d'abscisse 9 et le point K d'abscisse 13.

3 Compléter par les signes <, > ou =.

a. 2,8 .... 6,7 **b.** 4,52 4,75

c. 6,40 .... 6,4 **d.** 17,5 17,2

e. 13,25 .... 13,7 **f.** 52,327 52,31

4 Entourer en bleu le plus grand nombre de cette liste et en vert le plus petit.

15,6 15,67 15,245 15,605 15,19 15,36

5 Encadrer chaque nombre par deux nombres entiers consécutifs.

a. .... < 6,9 < .... **b.** .... < 24,75 < ....

c. .... < 0,86 < .... **d.** .... < 99,7 < ....

6 Dans chaque cas, intercaler un nombre.

a. 24 < .... < 27 **b.** 47 < .... < 48

c. 8,4 < .... < 8,5 **d.** 0,5 < .... < 0,53

★★

7 **a.** Écrire l'abscisse de chaque point A, B et C.

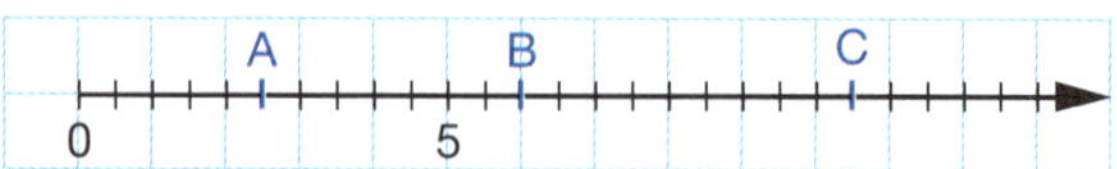

b. Placer le point E d'abscisse 4, puis le point F d'abscisse 9,5 et le point G d'abscisse 7,5.

8 **a.** Écrire l'abscisse de chaque point M, N et P.

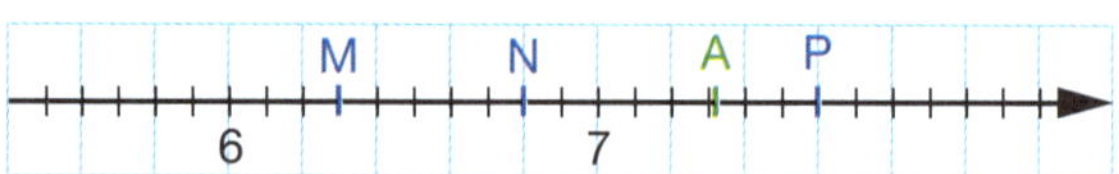

b. Placer les points V, X, Y et Z d'abscisses respectives 5,7 ; 7,8 ; 6,6 et 7,1.

c. Donner un encadrement de l'abscisse *a* de A.

....

9 **a.** Compléter par > ou < :

46,8 .... 46,54 46,792 46,97

b. Ranger dans l'ordre croissant (du plus petit au plus grand) les quatre nombres précédents.

....

10 Ranger ces nombres dans l'ordre décroissant (du plus grand au plus petit).

54,15 40,20 49,1 54,2 40,9 49,06

....

11 Intercaler deux nombres décimaux.

a. 15,8 < .... < .... < 15,9

b. 9,9 < .... < .... < 10,1

CALCUL MENTAL ● .... ● .... ● .... ● .... ● .... / 5

FICHE

4 Valeurs approchées

On note a l'abscisse du point A.

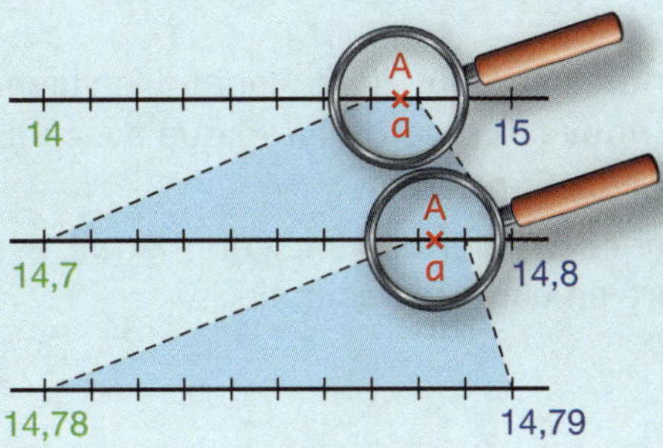

Exemples :

$14 < a < 15$

Valeur approchée **par défaut** à l'unité près (14) — Valeur approchée **par excès** à l'unité près (15)

$14,7 < a < 14,8$

Valeur approchée **par défaut** au dixième près (14,7) — Valeur approchée **par excès** au dixième près (14,8)

★

1 Compléter ce tableau.

Nombre	45,7	0,75
Encadrement par des entiers consécutifs	....	....
Valeur approchée par défaut à l'unité près	....	....
Valeur approchée par excès à l'unité près	....	....

2

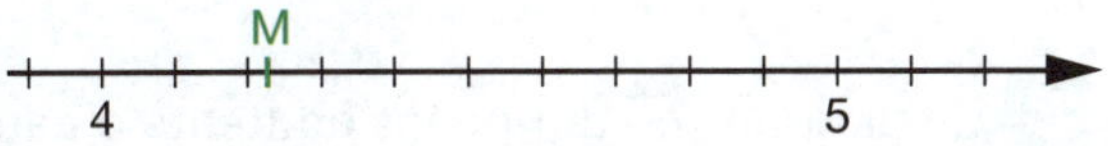

Compléter les phrases ci-dessous.

1. L'abscisse du point M est un nombre compris entre 4 et 5. La valeur approchée :

a. par défaut à l'unité près est .... ;

b. par excès à l'unité près est ....

2. L'abscisse du point M est un nombre compris entre 4,2 et 4,3. La valeur approchée :

a. par défaut au dixième près est .... ;

b. par excès au dixième près est ....

3 **1.** Encadrer 16,28 par deux nombres ayant un chiffre après la virgule, avec un écart de 0,1.

....

2. Donner la valeur approchée de 16,28 :

a. par défaut au dixième près ....

b. par excès au dixième près ....

3. Donner la valeur approchée de 42,638 :

a. par défaut au dixième près ....

b. par excès au centième près ....

★★

4 Compléter ce tableau.

	Valeur approchée par défaut		**Valeur approchée par excès**	
	à l'unité près	**au dixième près**	**à l'unité près**	**au dixième près**
27,49	....	....	....	....
5,871	....	....	....	....
99,25	....	....	....	....

5

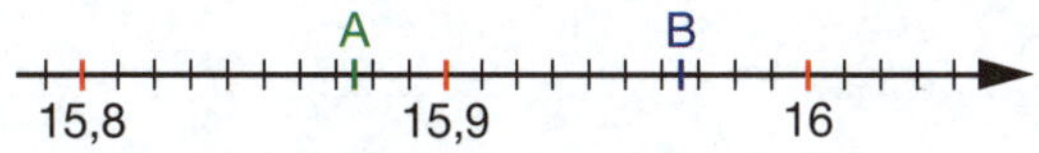

Compléter les phrases ci-dessous.

1. Pour l'abscisse du point A :

a. 15,8 est la valeur approchée .... au dixième près.

b. .... est la valeur approchée par excès au dixième près.

c. .... est la valeur approchée par défaut au centième près.

d. 15,88 est la valeur approchée .... au centième près.

2. Pour l'abscisse du point B :
la valeur approchée par excès au dixième près est .... et la valeur approchée par défaut au centième près est ....

6 Dans chaque cas, entourer la réponse exacte.
Pour le nombre 74,235 :

la valeur approchée par défaut à l'unité près est ...	70	74	75
la valeur approchée par défaut au dixième près est ...	74	74,1	74,2
la valeur approchée par excès au centième près est ...	74,20	74,23	74,24

FICHE

5 Perfectionnement

★★★

1 Six nombres sont écrits sur des cartes.

406 72 3

5 35 6

En posant toutes ces cartes côte à côte,

a. quel est le plus petit nombre entier que l'on peut écrire ? ....

b. quel est le plus grand nombre entier que l'on peut écrire ? ....

2 Ranger dans l'ordre décroissant les performances réalisées par des athlètes au lancer de poids féminin aux Jeux Olympiques de 2012.

19,42 m	19,18 m	20,48 m	19,63 m
20,22 m	19 m	20,7 m	19,02 m

....

....

3 Voici le nombre de téléspectateurs, en millions, qui ont regardé, ne serait-ce qu'une minute, certaines émissions au cours d'un mois.

Source : *Médiamétrie, novembre 2012*

Film D8	1,081
Sport France 2	5,247
Série Arte	1,183
Jeu M6	4,855

Magazine France 5	2,084
Film NT1	0,866
Série TF1	9,157
Feuilleton France 3	5,964

a. Indiquer par un nombre entier, l'audience du jeu sur M6 et celle du film sur NT1.

....

b. Ranger ces émissions par ordre croissant d'audience.

....

....

....

4 La superficie du lac d'Annecy est 27,59 km^2. Donner la valeur approchée de cette superficie

a. par défaut à l'unité près : ....

b. par excès au dixième près : ....

5 À Londres en août 2012, Renaud Lavillenie a établi un nouveau record olympique avec un saut à la perche de 5 m 97 cm.

a. Exprimer cette performance en mètres, avec un nombre en écriture décimale.

....

b. Avant de réussir ce record, il avait franchi les barres situées à 5,65 m, à 5,75 m et à 5,85 m de hauteur.
Ce jour-là, les athlètes classés 2e et 3e réussissaient une hauteur de 5,91 m.
Sur la portion de demi-droite graduée ci-contre, placer les cinq points qui correspondent aux cinq hauteurs de barre citées plus haut.

6 Ce diagramme donne les hauteurs d'eau de pluie mensuelles à Brest.

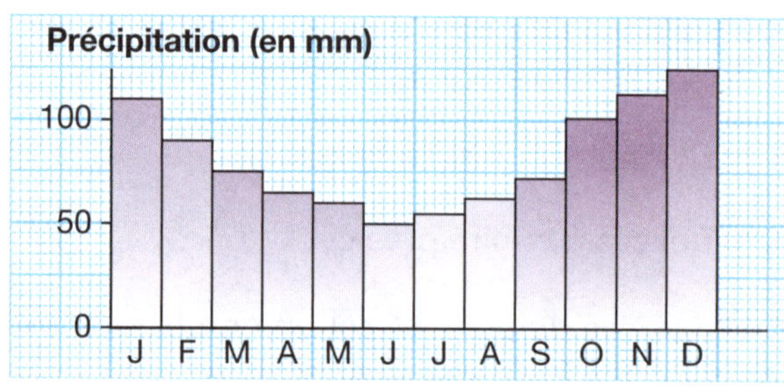

Source : *Météo France*

1. Quel est le mois où les précipitations sont :

a. les plus fortes ? ....

b. les plus faibles ? ....

2. Quelle hauteur d'eau est tombée :

a en janvier ? ....

b. en avril ? ....

3. Ranger les mois dans l'ordre décroissant des précipitations.

....

....

FICHE **6** **QCM et jeux**

QCM

Voici un questionnaire à choix multiples.
Pour chaque question, entourer la (ou les) réponse(s) exacte(s).

Note ..... / 5

A	Le nombre $\frac{643}{100}$ s'écrit aussi...	643,100	$6 + \frac{43}{100}$	$6 + \frac{4}{10} + \frac{3}{100}$
B	Pour le nombre 2 715,43...	1 est le chiffre des dizaines	4 est le chiffre des dixièmes	la partie décimale est 0,43
C	Le nombre 6,4 est bien repéré sur la (les) figure(s)...	6 6,4 7	6 6,4 7 8	6 6,4 7 8
D	$(3 \times 100) + 2 + \frac{5}{10} + \frac{7}{100}$ s'écrit...	32,57	302,57	302,057
E	Le nombre 3,175 est compris entre...	3 et 4	3,1 et 3,2	3,17 et 3,18

jeu 1

Karine a trouvé un vieux livre où il manque des feuilles. Elle l'ouvre. Sur la page de gauche, elle lit « page 24 » et sur celle de droite, à côté, « page 45 ». Combien de feuilles manque-t-il entre les deux pages ?

a. 9 **b.** 10 **c.** 11 **d.** 20 **e.** 21

D'après *Kangourou des Mathématiques*

jeu 2

Décalquer ces six morceaux de brique, les découper et les assembler pour reconstituer une brique.
On pourra lire alors deux nombres décimaux, dont l'un est le triple de l'autre.

D'après B. Myers, *Science et Vie Junior n° 64*

....

jeu 3

Sept enfants marchent l'un derrière l'autre sur un sentier étroit.

- Il y a deux enfants entre Clara et Fiona.
- Émile donne la main à Fiona et à Donia.
- Il y a le même nombre d'enfants derrière Basile que devant lui.
- Gaylord est devant Antoine.

➤ Dans quel ordre sont les sept enfants ?

Il y a deux solutions. Écrire les initiales des enfants.

	1re	2e	3e	4e	5e	6e	7e
1re solution	......	......	......	......	......	......	......
2e solution	......	......	......	......	......	......	......

jeu 4

Relier les points par des segments, en allant du plus grand au plus petit nombre, pour trouver ce qui terrifie Alfred !

Chapitre 2

Addition – Soustraction

CALCUL MENTAL • .... • .... • .... • .... • .... / 5

FICHE 7

Vocabulaire. Propriétés. Tables

SOCLE 6e

• Addition

21,4 + 5,3 = 26,7 ← la somme

• Soustraction

21,4 – 5,3 = 16,1 ← la différence

★

1 Compléter ces égalités.

a. 6 + 7 = ... **b.** 9 + 3 = ... **c.** 8 + 6 = ...
d. 3 + 8 = ... **e.** 8 + 7 = ... **f.** 9 + 4 = ...

2 Trouver chaque nombre manquant.

a. 3 + ... = 10 **b.** ...... + 6 = 15 **c.** 8 + ... = 12
d. 5 + ... = 11 **e.** 8 + ... = 16 **f.** ...... + 7 = 16

3 Compléter cette table d'addition.

+	......	......	6	......	......	......
5	......	......	......	......	......	13
9	16	......	......	......	......	......
7	......	11	......	......	10	......
4	......	......	......	13	......	......

4 Trouver chaque nombre manquant.

a. 9 – 5 = ... **b.** 12 – 7 = ... **c.** 16 – 9 = ...
d. 8 – ...... = 3 **e.** 15 – ...... = 7 **f.** ...... – 9 = 9

5 **a.** Quel nombre faut-il ajouter à 13 pour obtenir 20 ?

....

b. Quel nombre faut-il retrancher à 22 pour obtenir 17 ?

....

6 **a.** « J'ai pensé à un nombre. Je lui ai ajouté 7. J'ai trouvé 21. À quel nombre ai-je pensé ? »

....

b. « J'ai pensé à un nombre. Je lui ai retranché 7. J'ai trouvé 21. À quel nombre ai-je pensé ? »

....

★★

7 Compléter chaque phrase mentalement.

a. La somme de 3,4 et de 5,9 est ....

b. La différence de 12 et de 5,8 est ....

c. La somme de .... et de 4,7 est 20.

d. La différence de 100 et de .... est 82.

8 Calculer mentalement en regroupant au mieux les nombres.

a. 32 + 65 + 18 + 15 = ...

b. 3,6 + 14 + 2,4 + 25 = ...

c. 10,5 + 23 + 17 + 8,5 = ...

d. 2,1 + 5,3 + 3 + 1,9 + 10,7 = ...

9 Pour chaque problème, écrire A (addition) ou S (soustraction) pour indiquer l'opération à effectuer pour le résoudre.
Donner mentalement la réponse.

a.	Paul parcourt 420 m pour passer prendre son ami Léo puis 630 m pour se rendre au collège. Quelle distance parcourt-il ?	...	....
b.	Max pèse 36 kg. Il monte sur un pèse-personne avec son chien et lit 42,7 kg sur l'écran. Combien pèse son chien ?	...	....
c.	Hélène a téléphoné de 9 h 55 à 10 h 02. Pendant combien de temps a-t-elle téléphoné ?	...	....
d.	Khaled, âgé de 14 ans, a 7 ans de moins que Nabil. Quel âge a Nabil ?	...	....
e.	Luc veut acheter un pull. Il a 17,50 € mais il lui manque 8,50 €. Quel est le prix du pull ?	...	....
f.	À un jeu, Swanny a marqué 4 500 points, soit 750 points de plus que Rachel. Quel est le score de Rachel ?	...	....

FICHE

8 Techniques de l'addition et ordre de grandeur

SOCLE 6e

Calcul posé de 15,48 + 234,7 **On aligne les virgules.**

On écrit les retenues → retenues : 1 1

		1	5	,	(4)	8
+	2	3	4	,	(7)	
	2	5	0	,	1	8

On commence par la droite
8 + 0 = 8

On pose le 7 sous le 4 (chiffres des dixièmes)

★

1 **a.** Effectuer ces deux additions.

	5	4	6	7
+	3	9	8	5
	…	…	…	…

	4	7	3	,	8	
+	2	5	6	,	5	4
	…	…	…	,	…	…

b. 473,8 est proche du nombre entier 470 et 256,54 est proche du nombre entier ……… donc la somme 473,8 + 256,54 est proche de 470 + ……… c'est-à-dire ……… .
Le résultat trouvé au **a.** est-il de cet ordre de grandeur ? ……

c. Vérifier les résultats du **a.** avec la calculatrice.

2 **1.** Donner un ordre de grandeur de chaque somme.

a. 348,6 + 617 + 53,73

…………………………………………………………………………

b. 59,2 + 0,95 + 629

…………………………………………………………………………

2. Calculer à la main les deux sommes ci-dessus.

3. Vérifier avec la calculatrice.

3 **a.** Compléter par les chiffres qui conviennent.

		…	5	…	3
+		4	…	8	…
	1	1	5	2	9

	2	7	,	…	7	
+	3	…	,	5	…	8
	…	2	,	0	3	…

b. Vérifier avec la calculatrice.

★★

4 Entourer le résultat juste parmi les trois propositions, sans effectuer l'opération.

a.	654,87 + 319,4	975	974,27	335,27
b.	86,27 + 103,13	965,83	99,4	189,4

5 Erwan se rend en voiture de Nantes à Brest.

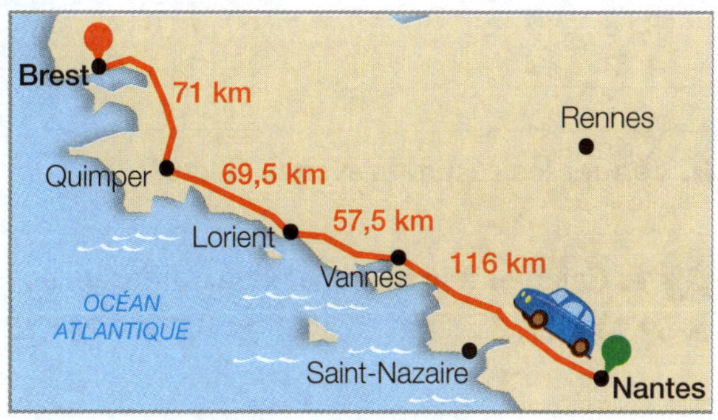

a. Quelle distance parcourt-il ?

…………………………………………………………………………

…………………………………………………………………………

b. Erwan quitte Nantes à 7 h 45. Il pense mettre 3 h 30 min pour faire le trajet et s'accorder une pause d'un quart d'heure.
À quelle heure arrivera-t-il à Brest ?

…………………………………………………………………………

…………………………………………………………………………

6 Un ostréiculteur vend 96,5 kg d'huîtres à un restaurateur puis 67,85 kg à un autre et enfin 227 kg à un troisième.
Quelle masse d'huîtres a-t-il vendue ?

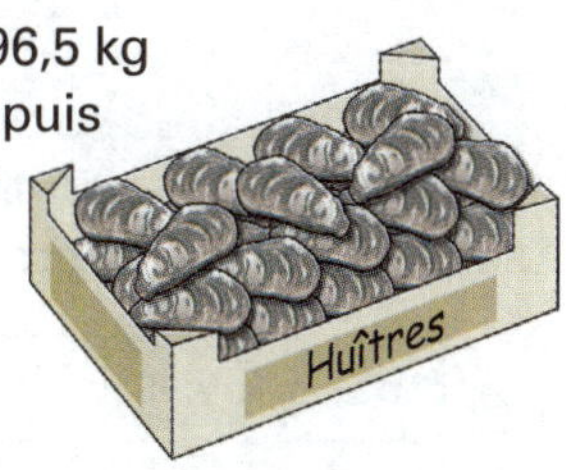

…………………………………………………………………………

…………………………………………………………………………

FICHE

9 Techniques de la soustraction

SOCLE 6e

Calcul posé de 64,5 – 5,18

On commence par la droite
10 – 8 = 2

6	$_{1}4$	,	5	$_{1}$(0)
– $_{1}$3	5	,	$_{1}$1	8
2	9	,	3	2

On écrit les retenues

On complète avec un 0 pour avoir le même nombre de chiffres

On aligne les virgules.

★

1 **a.** Effectuer ces deux soustractions.

	1	2	9	0
–		8	6	3
	...	...	...	...

	6	1	6	2
–	2	5	9	4
	...	...	...	...

b. Vérifier les résultats avec la calculatrice.

2 **a.** Effectuer ces deux soustractions.

	9	8	,	7	5
–	1	3	,	4	

	7	6	4	,	8	
–	1	4	9	,	2	8

b. Vérifier les résultats avec la calculatrice.

3 **1.** Calculer à la main ces deux différences :

a. 52,14 – 17, 5 **b.** 523,4 – 267,18

2. Vérifier les résultats avec la calculatrice.

4 Calculer la distance Dijon-Lyon.

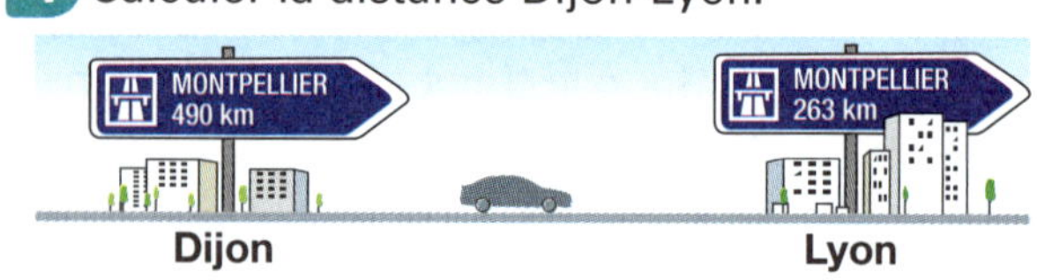

....

....

5 Pour chaque soustraction, entourer le résultat juste parmi les trois propositions, sans effectuer l'opération.

a.	676,8 – 39,25	716,05	637,55	284,3
b.	1 254 – 320,7	933,3	195,3	9 333
c.	132,53 – 85,9	217,43	1 239,4	46,63

★★

6 **a.** Compléter par les chiffres qui conviennent.

	...	9	...	,	...
–	4	...	2	,	6
	3	4	2	,	7

	7	8	,	...	4
–	2	...	,	6	...
	...	2	,	8	5

b. Vérifier avec la calculatrice.

7 En 2012, on a répertorié 7 451 terrains de camping, classés de 1 à 4 étoiles. On compte 6 444 terrains ayant au moins 2 étoiles. Combien de terrains ont une étoile ?

....

8 Lors d'une épreuve de ski de fond de 2,5 km de long, Martin apprend qu'il a encore 1,775 km à parcourir.
Quelle distance a-t-il déjà parcourue ?

....

....

9 **a.** Les calottes glaciaires continentales sont réparties sur l'Antarctique et le Groenland. Leur volume total est estimé à 32 millions de km^3 dont 2,6 millions de km^3 au Groenland.

Quel est le volume de la calotte de l'Antarctique ?

....

b. Les climatologues redoutent une hausse de 2,25 m du niveau des océans d'ici à 2100. La fonte des calottes glaciaires créerait une élévation de 1,80 m ; celle des glaciers ferait le reste.
Quelle élévation du niveau des océans serait due à la fonte des glaciers ?

....

....

FICHE
10 Perfectionnement

★★★

1 Arsène pense à un nombre. Il lui retranche 28 et au résultat il ajoute 45.
Il annonce : « Je trouve 364 ».
À quel nombre Arsène a-t-il pensé ?

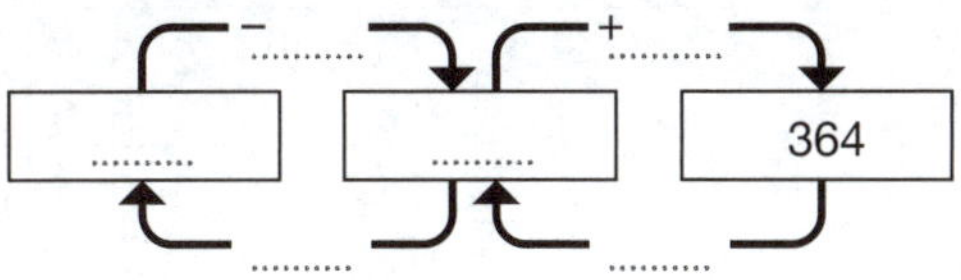

....

2 Compléter chaque case par la somme des nombres qui figurent dans les deux cases situées juste en dessous.

a.

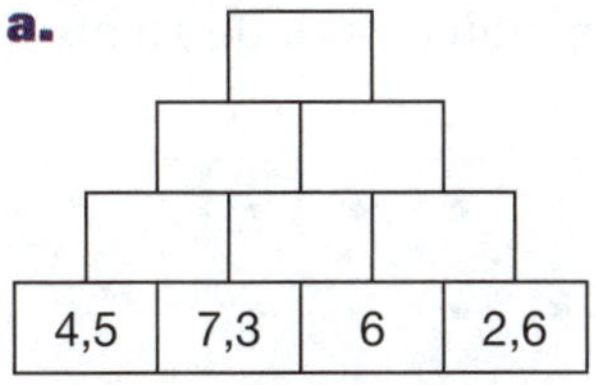

b.

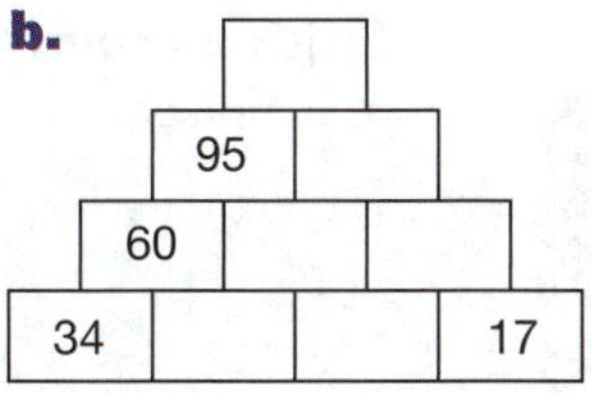

3 Le Haut de Jardin de la bibliothèque F. Mitterrand à Paris a accueilli 1 892 lecteurs un 19 janvier.
Parmi eux, 1 646 ont une carte d'accès, dont 814 Parisiens et 57 étrangers.

Les opérations seront posées dans ce cadre.

a. Combien de lecteurs n'ont pas de carte ?

....

b. Ce jour-là, parmi les lecteurs ayant une carte, combien y a-t-il de Français non Parisiens ?

....

c. Barrer l'écran de calculatrice où le calcul de la réponse à la question **b.** est incorrect.

```
814+57            871
rép-1646         -775
```

```
1646-(814+57)
                  775
```

4 La Guyane Française fait partie du plateau des cinq Guyanes.
C'est le plus grand département français.
Quelle est sa superficie ?

Les cinq Guyanes	Superficie
Guyana	214 970 km²
Guyane Française	....
Nord du Brésil	62 000 km²
Sud-est du Venezuela	415 000 km²
Suriname	163 265 km²
Total	939 085 km²

5 Clément prépare un gâteau.
La cuisson demande 45 minutes.
Voici l'horloge au moment où il met le gâteau dans le four.

17:50

Quand devra-t-il sortir le gâteau du four ?

....

....

6 Violaine regarde sa montre quand elle quitte le collège et quand elle arrive chez elle.

Combien de temps a-t-elle mis pour rentrer ?

....

7 Les bateaux ne peuvent quitter le port de Saint-Martin de Ré (Charente Maritime) que si l'écluse est ouverte.
Voici les horaires d'ouverture un samedi : de 7 h 45 à 10 h 15 et de 17 h 15 à 20 h
Pendant combien de temps l'écluse a-t-elle été ouverte ce samedi ?

....

....

....

....

FICHE 11

QCM et jeux

QCM

Voici un questionnaire à choix multiples.
Pour chaque question, entourer la (ou les) réponse(s) exacte(s).

Note ..... / 5

A	Dans l'égalité 51,2 + … = 120 le terme manquant est égal à…	120 – 51,2	51,2 – 120	68,8
B	Claire a pris trois photos. La 1re pèse 38 ko, la 2e pèse 3 ko de moins que la 1re mais 10 ko de plus que la 3e. Donc…	la 2e photo pèse 35 ko	la 3e photo pèse 13 ko de moins que la 1re.	la 1re photo pèse 7 ko de plus que la 3e.
C	Il n'y a pas d'erreur dans l'opération (les opérations)…	165,7 + 49,5 = 214,12	85,4 – 13,6 = 72,2	237,4 – 53,12 = 184,28
D	Un ordre de grandeur de la différence 1 523,8 – 294,57 est…	900	1 200	1 800
E	Un film de 52 minutes s'est fini à 15 h 40. Il a commencé…	12 minutes avant 15 h	à 14,88 h	à 14 h 48

jeu 1

Le carré ci-contre est extrait du tableau La Mélancolie du peintre et mathématicien allemand Dürer (1471-1528).
Ce carré est dit « magique », car les sommes des nombres entiers écrits sur chaque ligne, sur chaque colonne et sur chaque diagonale sont égales.

1. Vérifier que ce carré est magique.
Quelle est la somme magique ? ……

2. Compléter ces carrés magiques.

a.

2	….	….	9
….	7	4	….
5	10	….	6
15	8	….	….

b.

….	2	21	….	14
….	15	9	3	22
4	….	….	11	10
12	6	….	24	18
25	….	13	….	1

jeu 2

Glenn dit à Manuel : « Voici les villes où sont nés quatre mathématiciens français :
KPLWWL ; WHYPZ ; LWLYUVU ; UHUJF »
Manuel : « Tu plaisantes ! »
Glenn : « J'ai fabriqué un code : 2 + 1 = AYVPZ.
Si tu le déchiffres, tu trouveras ces villes ».
Déchiffrer le code de Glenn et trouver les villes.

A	B	C	D	E	F	G	H	I	J	K	L	M
…	…	…	…	…	…	…	…	…	…	…	…	…

N	O	P	Q	R	S	T	U	V	W	X	Y	Z
…	…	…	…	…	…	…	…	…	…	…	…	…

KPLWWL	WHYPZ	LWLYUVU	UHUJF
…………	…………	…………	…………

jeu 3

Ce jeu est constitué d'un réseau de points et d'indices.

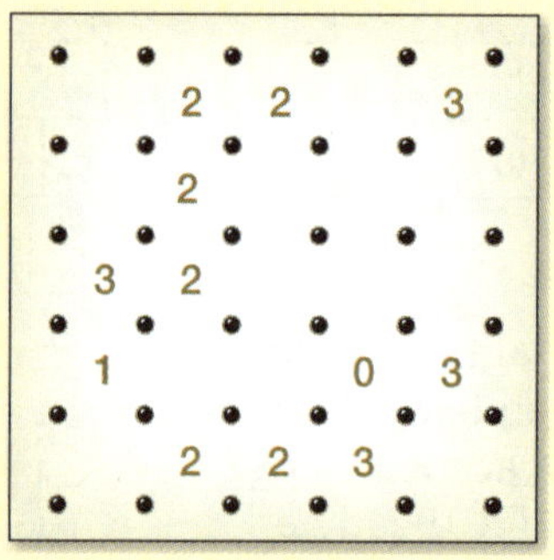

Relier des points horizontalement et verticalement pour former une seule boucle sans croisement.
Les nombres indiquent combien de côtés de la boucle entourent la case.
Exemple :

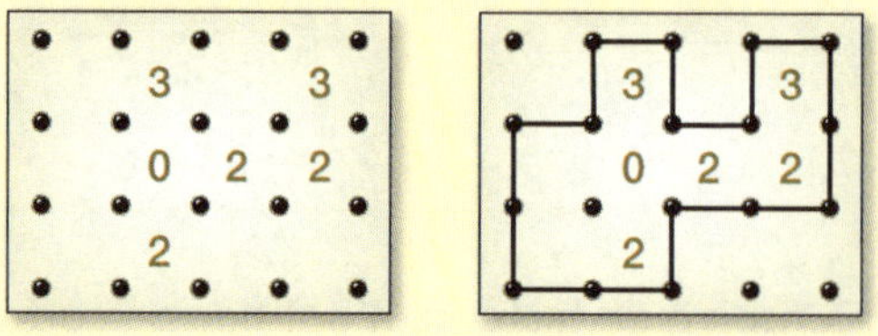

jeu 4

Compléter les … en utilisant une seule fois les chiffres 1 ; 2 ; 3 ; 6 ; 7 ; 8 et 9 afin que la soustraction ci-dessous soit exacte.

```
  4  ….. ….. ….. …..
–    ….. ….. …..  5
  ───────────────────
  3   3    3    3   3
```

D'après *Rallye mathématique de Loire-Atlantique*

Multiplication

Chapitre 3

CALCUL MENTAL ● .... ● .... ● .... ● .... ● .... / 5

FICHE

12 Multiplication par un nombre entier

SOCLE 6e

● $6 \times 4 = 24$

On dit que **24** est le **produit** de **6** par **4**.

● Dans un produit de plusieurs nombres, on peut changer l'ordre de ces nombres et les regrouper différemment :

$2 \times 3,4 \times 5 = 2 \times 5 \times 3,4$ c'est-à-dire $2 \times 3,4 \times 5 = 10 \times 3,4 = 34$

★

1 Compléter ces égalités.

a. $2 \times 7 =$ .... **b.** $3 \times 8 =$ .... **c.** $4 \times 7 =$ ....

d. $6 \times 9 =$ .... **e.** $7 \times 7 =$ .... **f.** $8 \times 6 =$ ....

2 Compléter cette table de multiplication.

×	7	5	8	6	9	3
3	......	......	......	......	......	......
8	......	......	......	......	......	......
6	......	......	......	......	......	......
9	......	......	......	......	......	......

3 Calculer.

a. Le produit de 7 par 6 : ....

b. La somme de 19 et 37 : ....

c. Le produit des 3 nombres 2 ; 5 et 7 : ....

4 Dans chaque cas, retrouver le nombre manquant.

a. $9 \times$ ..... $= 9$ **b.** $8 \times$ ..... $= 0$ **c.** $3 \times$ ..... $= 18$

d. $6 \times$ ..... $= 42$ **e.** $7 \times$ ..... $= 28$ **f.** $9 \times$ ..... $= 63$

5 Compléter cette table de multiplication.

×	......	......	6	......	......	......
7	21	......	......	......	......	35
8	......	64	......	......	56	......
4	......	......	......	36	......	......

★★

6 Dans un immeuble de 6 étages il y a 8 appartements par étage.
Combien y a-t-il d'appartements dans cet immeuble ?

....

7 Pour un stage de voile on constitue 6 groupes de 7 personnes et 9 groupes de 8 personnes.
Combien y a-t-il de participants ?

....

....

8 Un jour de grande chaleur, Marius a bu 3 bouteilles d'eau de 1,5 L.
Quelle quantité d'eau a-t-il bue ?

....

9 Lou achète 4 kg d'oranges à 3,60 € le kilogramme. Combien va-t-elle payer ?

....

10 Une sauterelle fait des bonds de 5,4 m.
Quelle distance parcourt-elle en 9 bonds ?

....

11 Calculer mentalement après avoir effectué des regroupements « astucieux ».

a. $5 \times 63 \times 2 =$ ....

b. $4 \times 3,9 \times 0,25 =$ ....

c. $5 \times 79 \times 5 \times 4 =$ ....

FICHE

13 Multiplier par 10 ; 100 ;1000 ; 0,1 ; 0,01 ; 0,001. Changer d'unités

• Quand on multiplie un nombre par **10** (ou **100** ou **1 000**) le chiffre des unités devient le chiffre des **dizaines** (ou des **centaines** ou des **milliers**).

Exemples : • 21,65 × **10** = 216,5 • 15,1 × **100** = 1 510 • 24,05 × **1 000** = 24 050

• Quand on multiplie un nombre par **0,1** (ou **0,01** ou **0,001**) le chiffre des unités devient le chiffre des **dixièmes** (ou des **centièmes** ou des **millièmes**).

Exemples : • 21,65 × **0,1** = 2,165 • 15,1 × **0,01** = 0,151 • 24,05 × **0,001** = 0,024 05

★

1 Compléter.

a. 23 × 100 = ... b. 7,6 × 1 000 = ...

c. 0,48 × 10 = ... d. 27,3 × 10 000 = ...

2 Compléter.

a. 78 × 0,1 = ... b. 5,9 × 0,01 = ...

c. 460 × 0,001 = ... d. 0,3 × 0,01 = ...

3 Compléter.

a. 37 × 100 = ... b. 24,7 × 0,01 = ...

c. 123 × 0,001 = ... d. 0,4 × 1 000 = ...

e. 1,5 × 0,1 = ... f. 0,057 × 10 = ...

4 Compléter.

a. 78 × .... = 78 000 b. 5,1 × ...... = 510

c. 0,32 × ...... = 0,032 d. 1,8 × ...... = 0,018

e. 5 600 × .... = 56 f. 0,89 × ...... = 8,9

5 Pour un spectacle, 1 000 billets ont été vendus. Les places sont toutes au tarif de 16,50 €. Quel est le montant de la recette ?

....

....

6 1 L d'une eau minérale contient 0,1 g de calcium. Louise boit chaque mois environ 45 L de cette eau. Quelle quantité de calcium absorbe-t-elle ?

....

....

★★

7

km	hm	dam	m	dm	cm	mm

Sachant que 1 km = 1 000 m, convertir en m.

a. 5,4 km = 5,4 × 1 km = 5,4 × .... m = ... m

b. 13,25 km = ...

8 Sachant que 1 m = 100 cm, convertir en cm.

a. 7,2 m = 7,2 × 1 m = 7,2 × .... cm = ... cm

b. 18,07 m = ...

c. 0,4 m = ...

9 Sachant que 1 m = 0,01 hm, convertir en hm.

a. 9,4 m = 9,4 × 1 m = 9,4 × .... hm = ... hm

b. 327 m = ...

c. 12,8 m = ...

10 Convertir en m.

a. 7,4 dm = ... m b. 54 dam = ... m

c. 32 hm = ... m d. 78 mm = ... m

11

kg	hg	dag	g	dg	cg	mg

Sachant que 1 kg = 1 000 g, convertir en g.

a. 1,3 kg = 1,3 × ....g = ...

b. 0,75 kg = ...

12 Sachant que 1 t = 1 000 kg, compléter.

a. 7,2 t = ... kg b. 65 kg = ... t

c. 0,35 t = ... kg d. 74 hg = ... t

FICHE

14 Multiplication de décimaux et ordre de grandeur

SOCLE 6e

Pour effectuer à la main la multiplication de deux nombres décimaux :

- on effectue d'abord le calcul sans tenir compte des virgules ;
- puis on place la virgule au produit en comptant le nombre total de chiffres après la virgule dans les deux nombres.

		4,	5
×		1,	6
	2	7	0
	4	5	0
	7,	2	0

2 chiffres après la virgule dans les nombres.

Donc

2 chiffres après la virgule au produit.

★

1 Effectuer ces deux multiplications.

			9	0,	4
	×			2,	8

			1	3,	5
	×		9,	0	4

2 On souhaite calculer les produits :

A = 3,7 × 64 B = 9,8 × 6,07 C = 74 × 0,39

a. Donner un ordre de grandeur de chaque produit.

....

....

b. Calculer ces trois produits.

3 Donner un ordre de grandeur de chaque produit, puis calculer à la main ces produits.

a. 67,9 × 50,7 **b.** 84,07 × 7,35

....

★★

4 Pour une sortie scolaire les professeurs prévoient 128 de ces paquets de biscuits. Calculer à la main la masse totale de biscuits et le prix à payer.

....

....

5 1 kg de poisson coûte 23,70 €. Quel est le prix de 6,8 kg de ce poisson ?

....

....

....

6 On se propose de calculer le prix à payer pour l'achat ci-contre. Écrire le calcul et l'effectuer en ligne.

....

....

....

CALCUL MENTAL ● .... ● .... ● .... ● .... ● .... /5

FICHE

15 Perfectionnement

★★★

1 Une salle de spectacle contient 42 rangées dont 17 rangées de 30 sièges.
Les autres rangées ont 24 sièges.
Calculer le nombre total de sièges dans cette salle.

....

....

....

2 Un camion transporte 100 palettes. Chaque palette contient 10 packs de 6 bouteilles d'eau minérale de 1,5 L.
Combien de litres d'eau minérale transporte ce camion ?

....

....

3 Passer une annonce dans un journal coûte 23,50 €, puis il faut rajouter 8,50 € par ligne.
Quel est le prix de cette annonce ?

À Gassin, vends 3 pièces, 60 m²
Terrasse 12 m² 255 000 €
E-mail : flotsbleux@mail.com

....

....

....

4 Lucie pratique la course à pied.
Elle part de chez elle en courant, fait 4 tours de lac, puis rentre chez elle (toujours en courant).

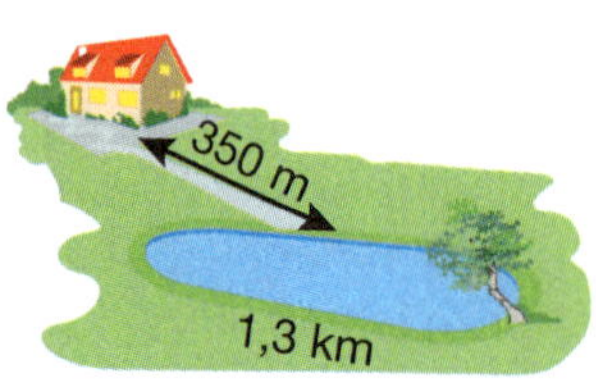

Le tour de lac mesure 1,3 km et il y a 350 m entre la maison de Lucie et le lac.
Quelle distance Lucie parcourt-elle en tout ?

....

....

....

5 La voiture de Valérie consomme 0,045 L d'essence par kilomètre. Elle effectue le trajet ci-dessous en partant de Marseille.
Sachant qu'un litre d'essence coûte 1,70 €, calculer le coût de ce trajet en carburant.

....

....

....

....

....

....

6 Au cinéma on visualise 24 images chaque seconde. Alex a consulté sa montre au début puis à la fin d'un film et il affirme que plus de 130 000 images ont été diffusées lors de ce film.

Début du film

Fin du film

Que pensez-vous de l'affirmation d'Alex ? Justifier.

....

....

....

....

....

....

....

....

FICHE 16

QCM et jeux

QCM

Voici un questionnaire à choix multiples.
Pour chaque question, entourer la (ou les) réponse(s) exacte(s).

Note ..... / 5

A	Le produit de 18 par 5 est...	13	23	90
B	24 est le produit de ...	8 par 3	6 par 3	12 par 2
C	2 × 17 × 5 × 2 × 5 est égal à...	1 700	340	170
D	57,4 = ...	5,74 × 10	5 740 × 0,01	0,574 × 100
E	1 kg de fromage coûte 12,60 €. Pour calculer le prix de 2,4 kg on effectue...	2,4 × 12,60	(2 × 12,60) + (4 × 12,60)	2,4 + 12,60

jeu 1

Compléter ces deux multiplications.

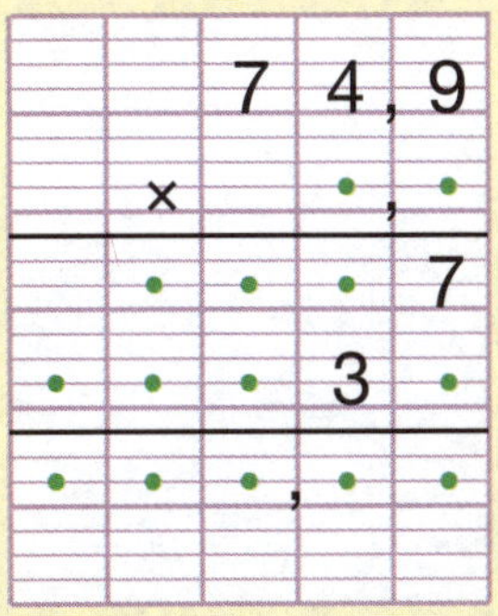

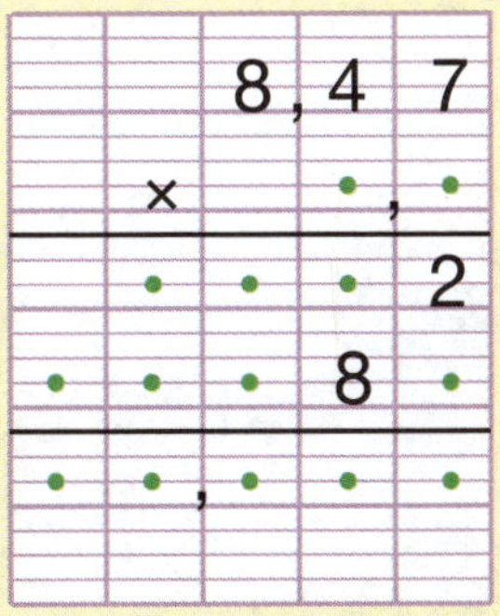

jeu 2

Placer dans chaque case un chiffre de 1 à 5.

- Il ne peut y avoir deux fois le même chiffre sur une ligne verticale ou horizontale.
- Le chiffre inscrit en haut à gauche de chaque bloc est le résultat du produit effectué avec les chiffres des deux cases d'un même bloc.

jeu 3

Recopier les 11 dominos manquants dans le parcours.
On peut placer côte à côte deux dominos lorsque les parties qui se touchent portent le même nombre.

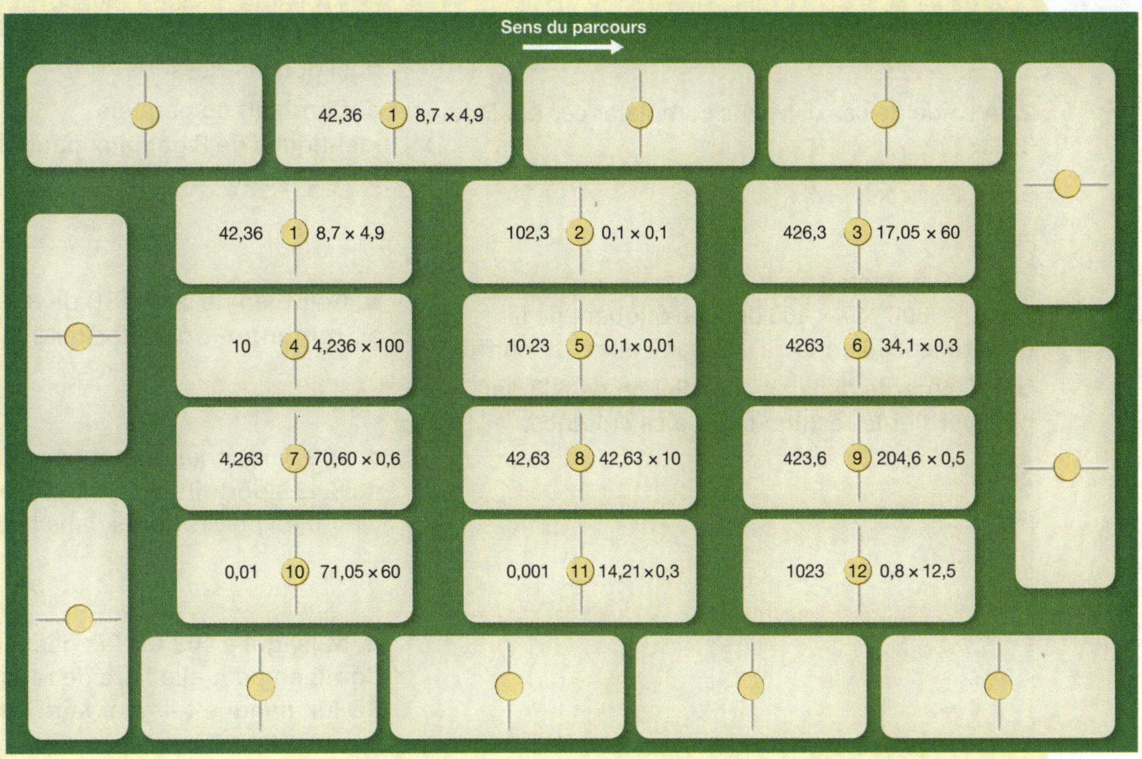

Chapitre 4

Division

CALCUL MENTAL ● .... ● .... ● .... ● .... ● .... / 5

FICHE

17 Division euclidienne

Effectuer la division euclidienne de **185** par 7 c'est trouver le quotient **26** et le reste **3** tels que :

185 = (**26** × 7) + **3** et **3** < 7.

Dividende →	1 8 5	7 ← Diviseur
	− 1 4	2 6 ← Quotient
	4 5	
	− 4 2	
Reste →	3	

★

1 Compléter le tableau.

Division euclidienne de	Quotient	Reste
29 par 7	......	......
48 par 9	......	......
52 par 8	......	......
44 par 6	......	......
328 par 50	......	......

2 **1.** Compléter ces divisions euclidiennes.

a.

3 5 1	4
− . .	8 .
. .	
− . .	
3	

b.

5 7 8	6
− . .	. .
. .	
− . .	
.	

2. À l'aide de ces divisions compléter ces égalités.

351 = (....... × ....) + ...

578 = (....... × ....) + ...

3 **a.** Compléter.

7 × 10 < 608 < 7 × 100 donc le quotient de la division euclidienne de 608 par 7 aura .... chiffres.

b. Effectuer la division euclidienne de 608 par 7, puis vérifier le résultat avec la calculatrice.

★★

4 Prévoir le nombre de chiffres au quotient, puis effectuer la division euclidienne de 3 502 par 13.

5 À l'aide de cette division répondre à chacune des questions ci-dessous.

1 0 9	8
− 8	1 3
2 9	
− 2 4	
5	

a. Combien de paquets identiques de 8 gâteaux peut-on faire avec 109 gâteaux ?

....

b. Combien de clés USB de 8 Go faut-il prévoir au minimum pour stocker 109 Go de données ?

....

c. 109 personnes sont logées dans des dortoirs de 8. Les dortoirs doivent être complets. Combien y a-t-il de places libres dans le dernier dortoir ?

....

d. Milly qui a 109 CD fait des rangées de 8 CD. Combien peut-elle faire de rangées et combien de CD lui manque-t-il pour faire une rangée de plus ?

....

FICHE

18 Multiples, diviseurs et critères de divisibilité

- 36 = 9 × 4 et on dit que : « 36 est **un multiple** de 9 » ou « 36 est **divisible** par 9 » ou « 9 est **un diviseur** de 36 ».
- Un nombre entier est divisible par : • **2** si son chiffre des unités est **0**, **2**, **4**, **6** ou **8** ;
  - **5** si son chiffre des unités est **0** ou **5** ;
  - **10** si son chiffre des unités est **0** ;
  - **3** si la somme de ses chiffres est divisible par **3** ;
  - **9** si la somme de ses chiffres est divisible par **9** ;
  - **4** si le nombre formé par ses deux derniers chiffres est divisible par **4**.

★

1 Compléter.
21 = (7 × ....) + 0 donc 21 est .... par 7.
On dit aussi que 21 est un .... de 7
ou que 7 est un .... de 21.

2 **a.** Voici une liste de nombres entiers.

4 | 10 | 25 | 27 | 32 | 50 | 58 | 65 | 126

Parmi ces nombres lesquels sont :

b. divisibles par 2 ?..

c. des multiples de 5 ? ....

d. des diviseurs de 100 ? ....

3 Dans chaque cas, dire à l'aide de la calculatrice, si l'affirmation est vraie ou fausse.

a. 425 est un multiple de 17. ....

b. 32 est un diviseur de 1 552. ....

c. 1 872 est divisible par 52 et par 117. ....

d. 144 est à la fois un multiple de 36
et un diviseur de 6 156. ....

4 Voici une liste de nombres entiers :

252 | 351 | 740 | 1 548 | 1 944

1. Parmi ces nombres, lesquels sont :

a. des multiples de 10 ?..

b. divisibles par 2 ? ....

c. divisibles par 5 ? ....

2. À l'aide de la calculatrice déterminer lesquels sont :

a. des multiples de 27 : ....

b. divisibles par 36 : ....

★★

5 Compléter ce tableau (par oui ou par non pour les deux dernières lignes).

Nombre	507	829	531	825	3 456
Somme des chiffres	......	......	......	......	......
Le nombre est divisible par 3	......	......	......	......	......
Le nombre est divisible par 9	......	......	......	......	......

6 Compléter ce tableau par oui ou par non.

est divisible	par 2	par 3	par 4	par 5	par 9
42	......	......	......	......	......
100	......	......	......	......	......
684	......	......	......	......	......
825	......	......	......	......	......
5 796	......	......	......	......	......

7 Le code postal de la ville de Lilou est à la fois un multiple de 9 et divisible par 4. Le souligner.
69 210 83 420 75 330 59 940 31 660

8 Quelle est la valeur du chiffre ▲ pour que le nombre entier 3 52▲ soit divisible par 3 et 5 ?

....

....

....

....

FICHE

19 Division décimale

- La division décimale de 9,2 par 4 « tombe juste ».
  9,2 : 4 = 2,3
  et on a 4 × 2,3 = 9,2.

```
 9, 2 | 4
- 8   |----
 ---  | 2, 3
   1 2|
 - 1 2|
 -----|
     0|
```

- La division décimale de 8 par 3 ne se termine pas.
  On donne une valeur approchée du quotient :
  8 : 3 ≈ 2,66
  (par défaut au centième près)

```
 8, 0 0 | 3
- 6     |--------
 ---    | 2, 6 6
 2 0    |
- 1 8   |
 -----  |
   2 0  |
 - 1 8  |
 -----  |
     2  |
```

- Quand on divise un nombre décimal par **10** (ou **100** ou **1 000**), le chiffre des unités devient le chiffre des **dixièmes** (ou des **centièmes** ou des **millièmes**).

★

1 Compléter.

a. 12 : 2 = ... **b.** 5 : 2 = ... **c.** 1 : 5 = ...

d. 42 : 6 = ... **e.** 17 : 2 = ... **f.** 12 : 24 = ...

2 Compléter.

a. 2,4 : 3 = ... **b.** 5,6 : 7 = ... **c.** 2,4 : 6 = ...

d. 3 : 5 = ... **e.** 0,63 : 9 = ... **f.** 0,1 : 2 = ...

3 Compléter.

a. ...... × 5 = 4 **b.** 20 × ...... = 2

c. ...... × 6 = 5,4 **d.** .... × 8 = 0,56

4 Sachant que 16 × 23 = 368, compléter :

a. 368 : 23 = ... **b.** 368 : 16 = ...

5 Compléter ces divisions décimales.

a.

```
  2 3, 0 | 5
 - 2 0   |------
 ------  | •, •
     • • |
   - • • |
   ----- |
       • |
```

b.

```
  4, 5 0 | 6
 - •     |--------
 ----    | •, • •
   • •   |
 - • •   |
 ------  |
     • • |
   - • • |
   ----- |
       0 |
```

6 Compléter.

a. 42 : 100 = ... **b.** 57 : 1 000 = ...

c. 3,6 : 10 = ... **d.** 836,2 : 100 = ...

e. 9,8 : 1 000 = ... **f.** 2,5 : 100 = ...

7 Compléter.

a. 78 : ...... = 7,8 **b.** 250 : .... = 2,5

c. 13,9 : .... = 0,139 **d.** 3,7 : .... = 0,003 7

★★

8 Effectuer ces divisions décimales, puis vérifier les résultats avec la calculatrice.

a. 10,2 par 12 **b.** 46,2 par 15

9 Un carré a pour périmètre 34,4 cm.
Calculer la longueur d'un des côtés.
Poser l'opération dans le cadre.

....

....

....

....

....

10 Un sachet de 6 rasoirs coûte 4 €.
Calculer la valeur approchée par excès au centime près d'un rasoir.
Poser l'opération dans le cadre.

....

....

....

....

....

CALCUL MENTAL • .... • .... • .... • .... • .... / 5

FICHE

20 Perfectionnement

★★★

1 L'alarme d'une maison s'est déréglée. La sonnerie s'est déclenchée à 8 h 40, puis elle sonne toutes les 35 min.
Le propriétaire vient enfin la débrancher à la 21e sonnerie.
Quelle heure est-il à ce moment-là ?

2 On a représenté dans le tableau ci-dessous les deux premières rangées A et B des sièges d'un avion qui sont répartis autour d'une allée centrale.

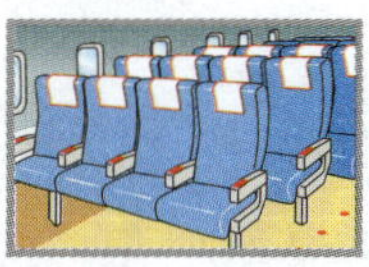

9	10	11	12	**B**	13	14	15	16
1	2	3	4	**A**	5	6	7	8

Le siège 11 est à la rangée B et il est noté B11.
Il y a au total 26 rangées.
Sur quelle rangée se trouve le siège :

a. 52 ? **b.** 155 ?

3 Une entreprise de parfum conditionne en deux parts égales sa production dans deux types de flacons « Grand » et « Mini ».
Cette semaine l'entreprise a conditionné 300 flacons « Grand » et 1 600 flacons « Mini ».
Calculer la contenance d'un flacon « Mini ».

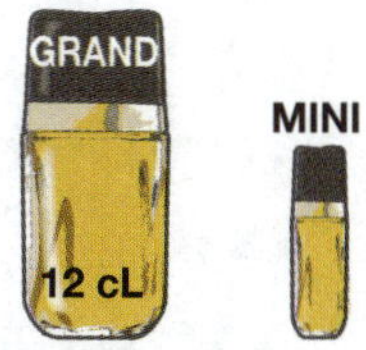

4 Une mairie décide de planter du gazon sport sur ce stade.

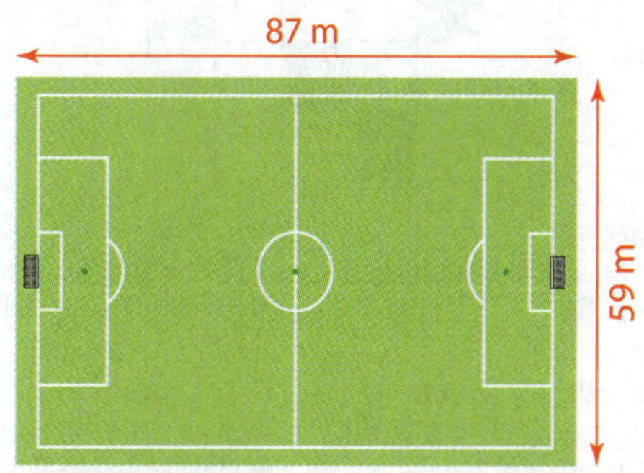

Gazon Sport 5 kg pour 100 m²	Boîte de 5 kg	43 €
	Sac de 30 kg	210 €

Calculer le coût minimum du gazon.

FICHE 21

QCM et jeux

QCM

Voici un questionnaire à choix multiples.
Pour chaque question, entourer la (ou les) réponse(s) exacte(s).

Note ..... / 5

A	Dans la division euclidienne de 20 par 8…	le quotient est 2	le quotient est 2,5	le quotient est 4
B	On doit commander 172 serviettes. Les serviettes sont vendues par paquets de 12. Alors…	il faut commander 14 paquets	il faut commander 15 paquets	il y aura 8 serviettes de trop
C	528 est…	un diviseur de 2	un multiple de 3	divisible par 4
D	48 : 13 c'est aussi…	3,69	le nombre manquant dans 48 × … = 13	le nombre manquant dans 13 × … = 48
E	4,25 c'est aussi…	le quotient de 119 par 28	le nombre manquant dans 8 × … = 34	425 : 100

jeu 1

Compléter cette grille de nombres croisés.

Horizontal
A. Reste de la division de 492 par 50.
288 : 8.
B. Produit de 32 par 16.
C. Reste de 2 376 par 600.
D. Multiple de 16.
581 : 7.
E. Diviseur de 1 008.

Vertical
1. Multiple de 3 et de 5.
Diviseur de 410.
2. 215 dizaines.
3. Multiple de 9.
4. Multiple de 4 et de 9.
5. Multiple de 9.
Reste de la division de 550 par 43.

jeu 2

Pour déchiffrer le message caché ci-dessous, relier les multiples de 3 par ordre croissant.

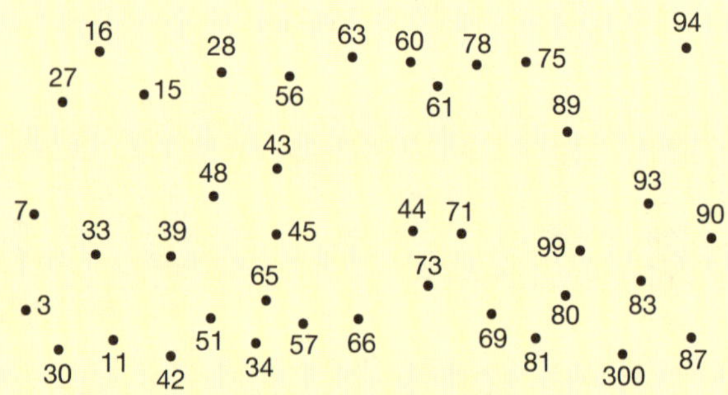

Sciences et Vie Junior, B. Myers

jeu 3

Une oie s'engage dans le circuit ci-contre et se trouve sur la case 61.

Pour se déplacer elle regarde le numéro de la case sur laquelle elle se trouve :

• si le numéro est un multiple de 2, elle avance de 2 cases ;

• si le numéro est un multiple de 3, elle avance de 3 cases ;

• si le numéro est un multiple de 5, elle avance de 4 cases.

Lorsqu'elle a le choix, elle choisit le déplacement qui lui convient.

• Sinon, elle avance d'une case.

➤ Sur combien de cases, au minimum, l'oie passera-t-elle avant d'arriver à la sortie ?

....

Écritures fractionnaires

Chapitre **5**

CALCUL MENTAL • .... • .... • .... • .... • .... / 5

FICHE

22 Écriture fractionnaire d'un quotient

a et b désignent deux nombres avec $b \neq 0$.
Le quotient $\frac{a}{b}$ est le nombre manquant dans l'égalité $b \times \ldots = a$.
Quand a et b sont des nombres **entiers** on dit que $\frac{a}{b}$ est **une fraction**.

$$b \times \frac{a}{b} = a$$

Dividende (a) Diviseur (b)

$$a : b = \frac{a}{b}$$

a ← Numérateur
b ← Dénominateur

★

1 Dans chaque cas, indiquer quelle fraction du rectangle est colorée.

a. 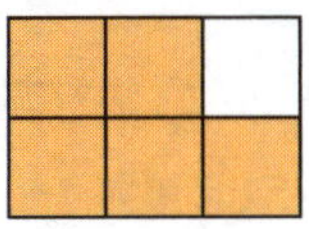 ......

b. 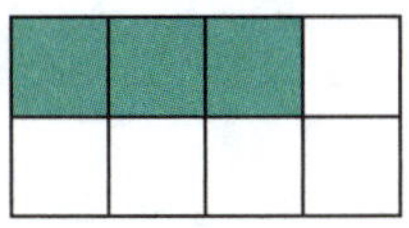 ......

2 Dans chaque cas, colorer la fraction indiquée de la figure.

a. $\frac{1}{4}$ 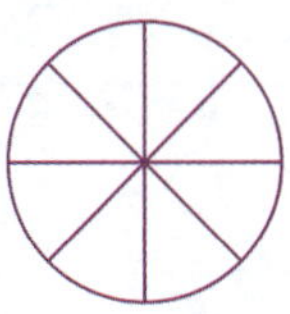

b. $\frac{2}{3}$ 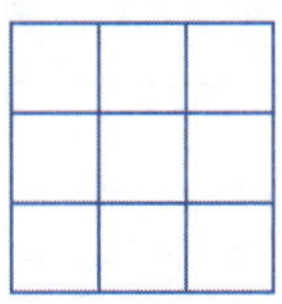

3 Voici des quotients :
• $\frac{6}{7}$ • $\frac{2{,}3}{6}$ • $\frac{7}{6}$ • $\frac{6}{41}$ • $\frac{7}{2{,}9}$ • $\frac{13}{6}$ • $\frac{6}{5}$ • $\frac{7}{23}$

Parmi ces quotients quelles sont les fractions qui ont :

a. pour dénominateur 6 ? .... et ....

b. pour numérateur 7 ? .... et ....

4 Écrire chaque nombre sous la forme d'une fraction.

a. Trois quarts .... **b.** Cinq tiers ....

c. Sept demis .... **d.** Six septièmes ....

5 Dans chaque cas, donner l'écriture décimale.

a. $\frac{21}{3} =$ .... **b.** $\frac{17}{2} =$ .... **c.** $\frac{9}{9} =$ ....

d. $\frac{13}{1} =$ .... **e.** $\frac{29}{100} =$ .... **f.** $\frac{1}{4} =$ ....

g. $\frac{2{,}4}{3} =$ .... **h.** $\frac{2}{5} =$ .... **i.** $\frac{13}{26} =$ ....

★★

6 Compléter.

a. $6 \times \frac{5}{6} =$ ......

b. ...... $\times \frac{8}{3} = 8$

c. $9 \times$ ...... $= 11$

d. ...... $\times 7 = 4$

7 Sur un marché, on partage 15 m de trottoir en 4 emplacements de même longueur.

a. Exprimer la longueur d'un emplacement sous la forme d'une fraction.

....

b. Donner l'écriture décimale de cette longueur. Effectuer l'opération dans le cadre ci-dessous.

....
....
....
....
....
....

8 On verse équitablement 30 L d'eau dans 7 bidons.

a. Exprimer la valeur exacte de la quantité de liquide versée dans un bidon sous la forme d'une fraction.

....

b. Avec la calculatrice, donner la valeur approchée par excès au dixième près de cette quantité.

....

....

FICHE

23 Fractions et demi-droite graduée. Quotients égaux

- Pour lire l'**abscisse** des points A et B on remarque que l'unité est partagée en 4 carreaux.
1 carreau représente un quart d'unité; 2 carreaux représentent une moitié d'unité.

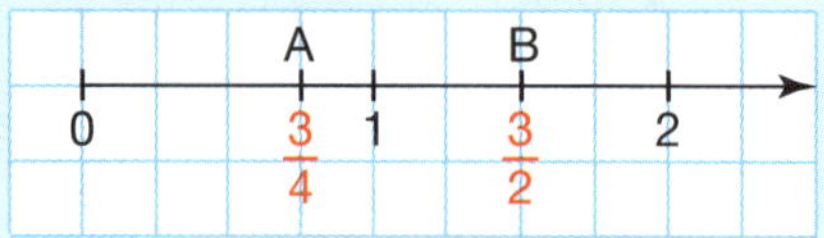

- Un quotient ne change pas quand on multiplie ou quand on divise son numérateur et son dénominateur par **un même** nombre différent de 0.

★

1 On considère cette demi-droite graduée.

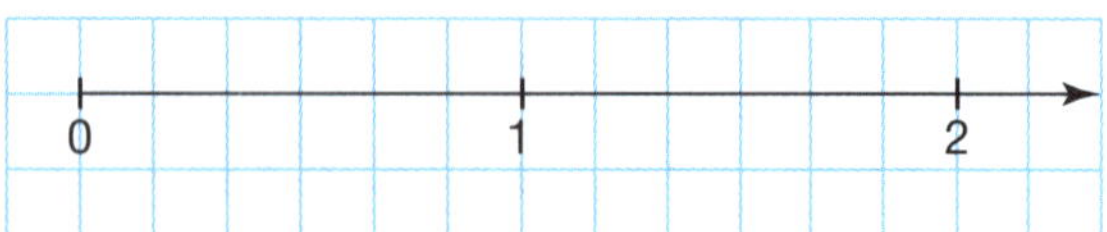

1. a. En combien de carreaux est partagée l'unité ?

....

b. Placer les fractions $\frac{5}{6}$ et $\frac{11}{6}$.

2. Partager l'unité en 3 parties identiques puis placer les nombres $\frac{1}{3}$ et $\frac{4}{3}$.

2 Dans chaque cas, indiquer les abscisses des points A, B et C sous la forme d'une fraction.

a.

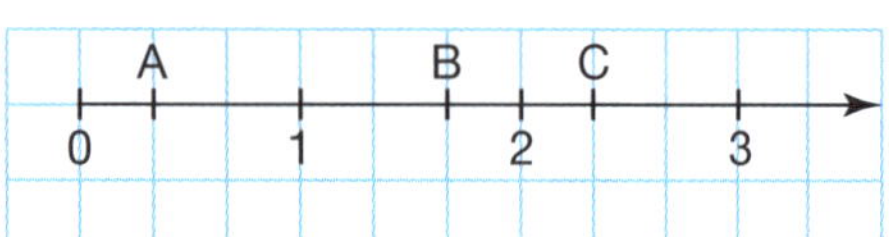

b.

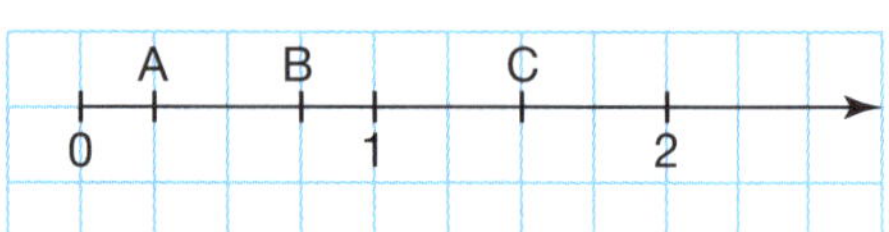

3 Compléter ces égalités.

a. $\frac{5}{7} = \frac{5 \times 4}{7 \times \ldots} = \frac{\ldots\ldots}{\ldots\ldots}$ **b.** $\frac{9}{8} = \frac{9 \times \ldots}{8 \times 3} = \frac{\ldots\ldots}{\ldots\ldots}$

c. $\frac{18}{10} = \frac{9 \times 2}{\ldots \times 2} = \frac{\ldots\ldots}{\ldots\ldots}$ **d.** $\frac{20}{35} = \frac{\ldots \times \ldots}{\ldots \times 5} = \frac{\ldots\ldots}{\ldots\ldots}$

4 Compléter.

a. $\frac{7}{3} = \frac{42}{\ldots\ldots}$ (× ... en haut, × ... en bas)

b. $\frac{7}{6} = \frac{\ldots\ldots}{30}$ (× ... en haut, × ... en bas)

c. $\frac{56}{24} = \frac{7}{\ldots}$ (: ... en haut, : ... en bas)

d. $\frac{60}{24} = \frac{\ldots}{2}$ (: ...... en haut, : ...... en bas)

★★

5 Sur cette demi-droite graduée placer les nombres $\frac{7}{6}$, $\frac{2}{3}$ et $\frac{3}{2}$.

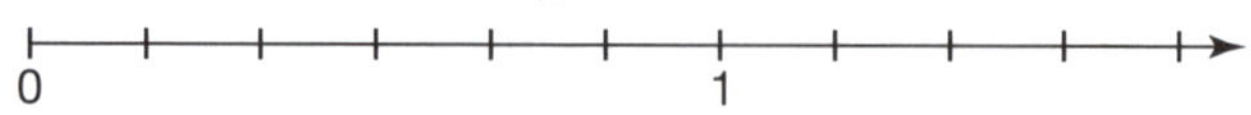

6 L'unité de longueur sur cette demi-droite graduée est 6 cm.
Placer les nombres $\frac{5}{6}$, $\frac{1}{3}$ et $\frac{5}{4}$.

7 Sans calculer les quotients, dire s'ils sont égaux.

a. $\frac{7}{6}$ et $\frac{15}{12}$ **b.** $\frac{8}{9}$ et $\frac{48}{54}$ **c.** $\frac{12}{21}$ et $\frac{4}{7}$

....

....

....

8 Compléter.

a. $3 = \frac{\ldots\ldots}{5}$ **b.** $3 = \frac{\ldots\ldots}{7}$ **c.** $6 = \frac{\ldots\ldots}{4}$ **d.** $9 = \frac{\ldots\ldots}{4}$

9 Souligner d'une même couleur les nombres égaux.

• $\frac{8}{6}$ • $\frac{27}{18}$ • $\frac{5}{4}$ • $\frac{3}{2}$ • $\frac{15}{12}$ • 1,25 • 1,5 • $\frac{32}{24}$

10 Compléter.

a. $\frac{74}{46} = \frac{\ldots\ldots \times 2}{\ldots\ldots \times \ldots} = \frac{\ldots\ldots}{\ldots\ldots}$.

b. $\frac{42}{75} = \frac{\ldots\ldots \times 3}{\ldots\ldots \times \ldots} = \frac{\ldots\ldots}{\ldots\ldots}$.

c. $\frac{27}{36} = \frac{\ldots \times 9}{\ldots \times \ldots} = \frac{\ldots\ldots}{\ldots\ldots}$.

FICHE

24 Prendre une fraction d'une quantité

SOCLE 6ᵉ

Prendre une fraction d'une quantité c'est multiplier cette fraction par cette quantité.

Exemple : Prendre les $\frac{3}{5}$ de 20 kg c'est calculer $\frac{3}{5} \times 20$ kg.

1ʳᵉ méthode : On multiplie la quantité en premier et on effectue $(\mathbf{3 \times 20\ kg}):5 = \mathbf{60\ kg}:5 = 12$ kg.

2ᵉ méthode : On divise la quantité en premier et on effectue $3 \times (\mathbf{20\ kg:5}) = 3 \times \mathbf{4\ kg} = 12$ kg.

3ᵉ méthode : On utilise l'écriture décimale de la fraction et on effectue

$(\mathbf{3:5}) \times 20\ \text{kg} = \mathbf{0{,}6} \times 20\ \text{kg} = 12\ \text{kg}.$

★

1 Compléter afin de calculer les $\frac{3}{4}$ de 18 €.

a. $\frac{3}{4}$ ... 18 € = (...... × 18 €) : ......

b. $\frac{3}{4}$ ... 18 € = (...... : ......) × 18 €

c. $\frac{3}{4}$ ... 18 € = (......... : ......) × 3

2 Calculer.

a. Les $\frac{5}{2}$ de 7 L

b. Les $\frac{5}{3}$ de 12 kg

3 Calculer.

a. Les $\frac{5}{6}$ de 27 €

b. Les $\frac{2}{5}$ de 32 L

4 Exprimer $\frac{2}{3}$ h en minutes.

★★

5 Blandine veut préparer 3 litres de cocktail. Calculer pour chacun des jus de fruits les quantités qu'elle devra utiliser.

- $\frac{2}{5}$ de jus de fruit de la passion
- $\frac{4}{15}$ de jus de goyave
- $\frac{1}{5}$ de jus de kiwi
- du jus de litchi

6 Environ les $\frac{2}{13}$ des 446 000 Lyonnais ont moins de 15 ans. Avec la calculatrice, encadrer par deux multiples consécutifs de 100 le nombre de personnes qui ont moins de 15 ans.

7 Dans sa tirelire Alix a 35 €.
Elle dépense les $\frac{4}{7}$ de son argent.
Combien lui reste-t-il ?

FICHE

25 Perfectionnement

★★★

1 Louise annonce qu'elle a révisé pendant $\frac{11}{6}$ d'heure alors que Juliette dit qu'elle a révisé de 17 h 40 à 19 h 30.
Laquelle des deux a révisé le plus longtemps ?

....

....

....

....

2 Les $\frac{3}{4}$ des 24 navigateurs d'un tour du monde à la voile sont européens.

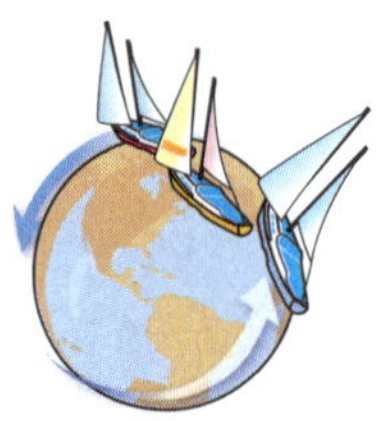

a. Calculer le nombre de navigateurs européens.

b. Seulement les $\frac{2}{9}$ des navigateurs européens sont français.
Calculer le nombre de navigateurs français.

....

....

....

....

3 Emma et Annie devaient réaliser un graphique pour résumer une enquête concernant les moyens de transport utilisés par 132 élèves de 6e pour venir au collège.

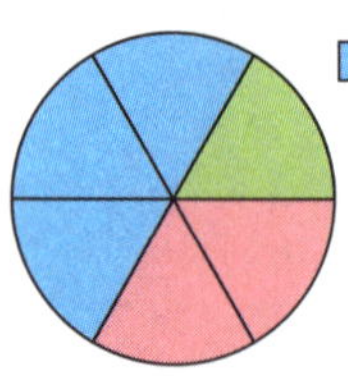

travail d'Emma

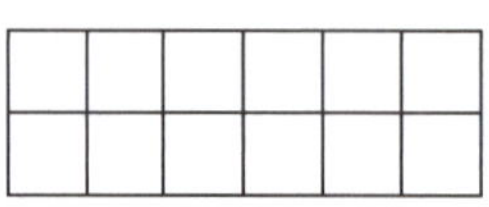

travail d'Annie

1. Terminer le travail d'Annie en utilisant les mêmes couleurs qu'Emma.

2. Combien d'élèves viennent :

a. en bus ? **b.** en voiture ? **c.** à pied ?

....

....

4 L'écran de ce téléviseur est au format 16/9. Cela signifie que l'on obtient sa longueur en multipliant sa largeur par $\frac{16}{9}$.
Calculer l'aire en m² de l'écran de ce téléviseur.

....

....

....

....

....

....

5 Voici le tracé d'un rallye-raid de 288 km de longueur et qui est composé de 5 spéciales.

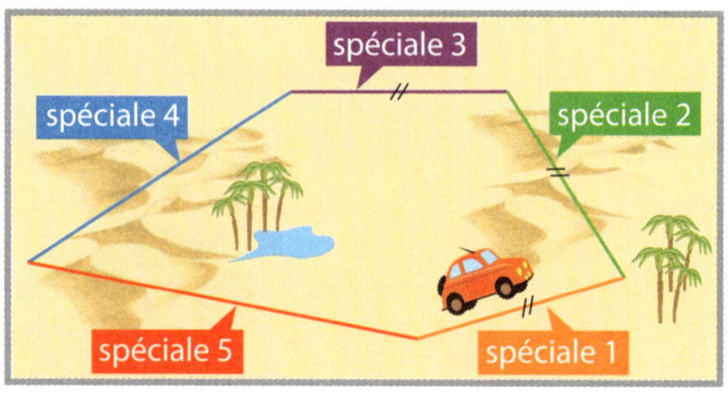

La spéciale 4 représente les $\frac{5}{24}$ du rallye,

et la spéciale 5 représente les $\frac{13}{48}$ du rallye.

Calculer la longueur de la spéciale 1.

....

....

....

....

....

....

....

....

....

FICHE **26**

QCM et jeux

QCM

Voici un questionnaire à choix multiples.
Pour chaque question, entourer la (ou les) réponse(s) exacte(s).

Note ..... / 5

A	Le nombre manquant dans l'égalité $9 \times \ldots = 7$ est…	$\frac{9}{7}$	$\frac{7}{9}$	0,77
B	$\frac{13}{6}$ c'est aussi…	$13 \times \frac{1}{6}$	$2 + \frac{1}{6}$	$\frac{26}{12}$
C	L'abscisse du point A est… 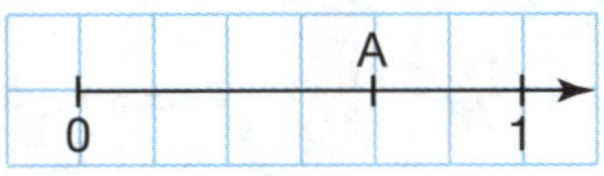	$\frac{2}{3}$	0,4	$\frac{4}{6}$
D	Pour calculer $\frac{3}{4} \times 22$ L on peut effectuer…	$(3 \times 22\text{ L}) : 4$	$(22\text{ L} : 4) \times 3$	$(3 : 4) \times 22$ L
E	15 € c'est aussi…	$\frac{5}{7}$ de 21 €	$\frac{3}{5}$ de 25 €	le tiers de 45 €

jeu 1

Dans ce labyrinthe on ne peut se déplacer qu'horizontalement ou verticalement. On peut rejoindre une case voisine lorsqu'elle contient une fraction égale à celle écrite dans la case sur laquelle on se trouve.

➤ Aider la souris à atteindre le morceau de fromage.

ENTRÉE →

$\frac{3}{4}$	$\frac{6}{9}$	$\frac{4}{6}$	$\frac{7}{12}$	$\frac{45}{72}$
$\frac{2}{3}$	$\frac{20}{30}$	$\frac{8}{9}$	$\frac{14}{20}$	$\frac{4}{11}$
$\frac{4}{7}$	$\frac{10}{15}$	$\frac{1}{3}$	$\frac{42}{63}$	$\frac{18}{27}$
$\frac{16}{25}$	$\frac{24}{36}$	$\frac{12}{18}$	$\frac{8}{12}$	$\frac{5}{6}$

→ SORTIE

jeu 2

Le père Jules veut partager son héritage, représenté ci-dessous, entre ses quatre enfants.
« Le partage sera équitable, leur dit-il, si en traçant seulement 3 segments sur la figure vous pouvez obtenir 4 parties contenant les mêmes biens. »

➤ Est-ce possible ?

jeu 3

Le triangle et le carré désignent deux nombres.

➤ Quels sont ces deux nombres ?

$$\frac{\triangle}{\square} = 3 \quad \text{et} \quad \triangle + \square = 28$$

....

....

jeu 4

➤ Combien de ces drapeaux contiennent exactement trois cinquièmes de noir ? ....

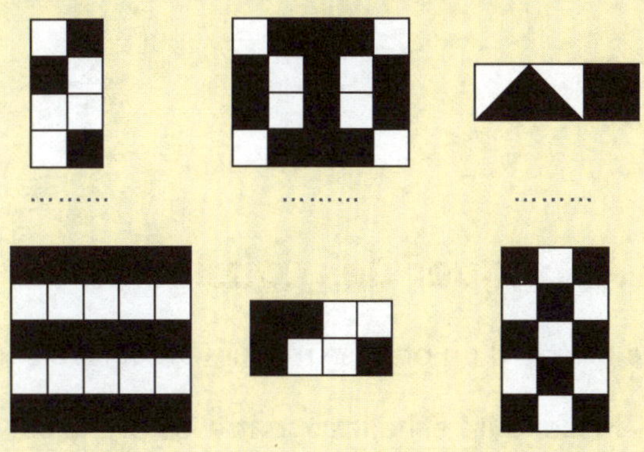

D'après *Concours Kangourou*

jeu 5

➤ Comment partager cette figure en quatre figures superposables ?

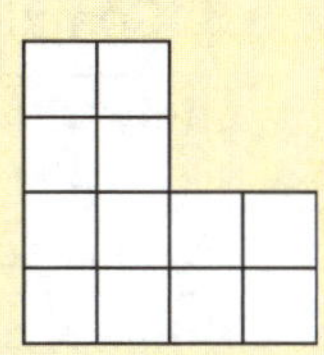

Les principaux éléments de mathématiques et la culture scientifique et technologique

1 Extraire et organiser les informations utiles

Deux classes de 6e d'un collège de Niort (Deux-Sèvres) partent en classe de mer dans un centre nautique de l'Île d'Oléron (Charente-Maritime) pour découvrir le milieu marin et la voile.
Six professeurs accompagnent les 54 élèves.
Aider les professeurs à déterminer le coût de ce voyage scolaire pour l'ensemble du groupe.

Le stage - Détails pratiques
Distance du collège au centre : 75 km.
Départ du collège : lundi 13 mai à 7 h.
Arrivée au centre à 8 h.
Début du stage à 9 h.
Fin du stage : vendredi 17 mai à 16 h.

Les tarifs du centre nautique
Variables selon la saison et la durée du séjour.
Ils correspondent au prix (en €) par personne et par jour en pension complète.
Il n'y a pas d'autres frais.

Tarif vert : du 01/03 au 30/04 et du 01/09 au 31/10

Tarif rouge : du 01/05 au 30/06

Les tarifs des entreprises de transports
- « Juniors tours » (capacité de 50 à 57 places) : 25 € par passager quelle que soit la distance parcourue.
- « Voyages Transports » (capacité de 53 à 61 places) : 1 800 € pour l'aller-retour.
- « Tourisme Autocars » (capacité de 55 à 63 places) : 1 000 € à la réservation plus 5 € par kilomètre parcouru.

Durée	2 jours	4 jours	5 jours
Tarif vert	20	17,50	15
Tarif rouge	35	30	27,50

Groupes à partir de 15 élèves : un adulte gratuit pour 15 élèves.

2 Appliquer des consignes

Le niveau d'un bruit se mesure en décibels (dB).

a. Placer sur l'échelle ci-contre les bruits suivants :
- un restaurant scolaire, R (80 dB)
- une salle de classe, S (55 dB)
- une course de Formule 1, F (140 dB)
- un lecteur MP3 au maximum, L (110 dB)
- une tondeuse à gazon, T (75 dB)
- un aspirateur, A (70 dB)
- un marché, M (60 dB)
- un vent léger, V (20 dB)
- un concert, C (105 dB)
- une éolienne, E (40 dB)

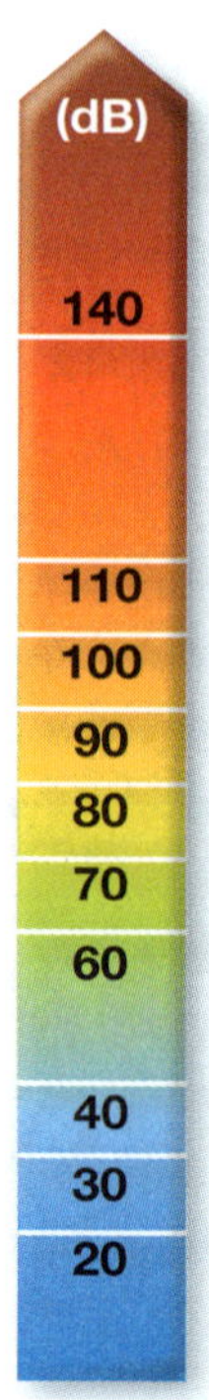

b. Compléter ce tableau avec les bruits précédents.

Intensité sonore I (en dB)	I > 85	65 < I < 85	45 < I < 65	35 < I < 45	I < 35
Niveau de bruit	dangereux	bruyant	supportable	animé	calme
Bruit	……………	……………	……………	……………	……………

3 Observer et organiser la recherche

Il a fallu 1,50 m de ruban, dont 26 cm pour le nœud, pour ficeler ce paquet.
Si l'on remplissait la boîte avec des petits cubes d'arête 1 cm,
combien faudrait-il de petits cubes ?

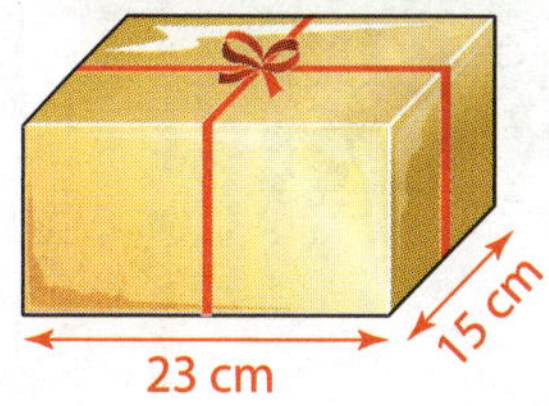

....

....

....

....

....

....

4 Proposer une démarche de résolution

Dans quel pot le miel est-il le moins cher ?

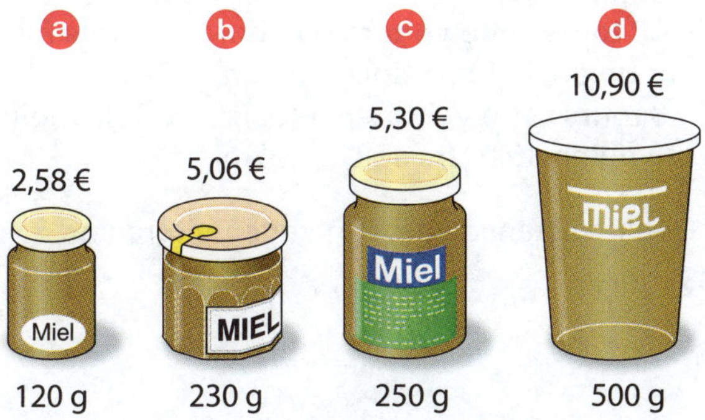

....

....

....

....

....

....

....

....

5 Adapter une méthode

Ludivine fabrique des jeux de cartes.
Toutes les cartes d'un même jeu ont la même valeur.
Voici son premier jeu.

	fraction	écriture décimale	fraction décimale	pourcentage
jeu A	$\frac{3}{4}$	0,75	$\frac{75}{100}$	75 %

a. Compléter ses quatre autres jeux.

jeu B	$\frac{1}{5}$			
jeu C		0,65		
jeu D				44 %
jeu E			$\frac{375}{1\,000}$	

b. Placer $\frac{1}{5}$; 0,65 ; 44 % et $\frac{375}{1\,000}$ sur la demi-droite graduée ci-dessous.

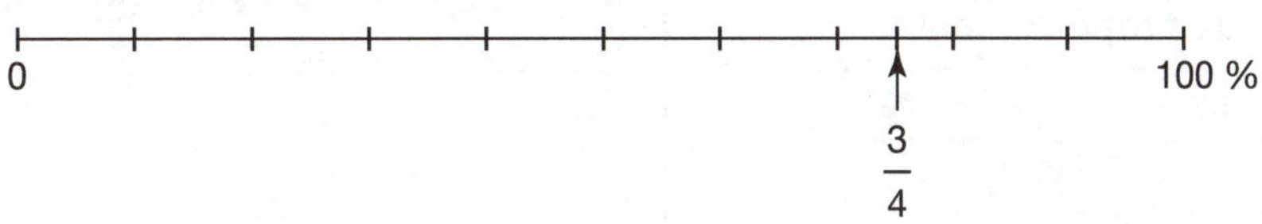

Chapitre 6

Proportionnalité

CALCUL MENTAL • .... • .... • .... • .... • .... / 5

FICHE

28 Situations de proportionnalité

SOCLE 6e

Exemple : Un robinet est ouvert avec un débit régulier et chaque minute il s'écoule **6** L d'eau.
En 3 min, il s'écoule 3 fois plus d'eau qu'en 1 min.
En 0,5 min, il s'écoule 2 fois moins d'eau qu'en 1 min.

Durée (en min)	1	0,5	3
Quantité d'eau (en L)	6	3	18

× 6

Pour obtenir la quantité d'eau (en L) qui s'est écoulée, on **multiplie** la durée (en min) par **6** et on dit que la quantité d'eau (en L) est **proportionnelle** à la durée (en min).

★

1 Juliette a 1 an et elle pèse 9 kg.

a. Peut-on connaître son poids à 4 ans ? ....

b. L'âge et le poids d'une personne sont-ils proportionnels ? ....

2 **a.** La longueur d'une chaîne est-elle proportionnelle au nombre de maillons ? Expliquer.

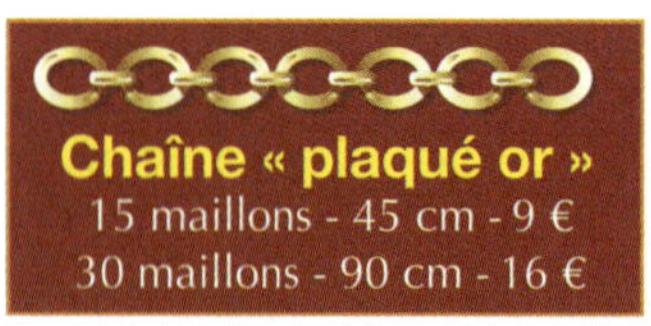

....

....

b. Le prix d'une chaîne est-il proportionnel au nombre de maillons ? Expliquer.

....

....

3 Le prix à payer pour ces piles est-il proportionnel au nombre de piles achetées ? Expliquer.

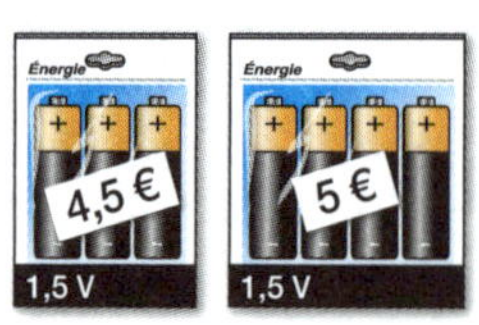

....

....

4 Pour obtenir 1 kg de beurre il faut 20 L de lait.
Compléter ce tableau de proportionnalité.

Beurre (en kg)	1	1,5	2	3	0,250
Lait (en L)					

× .....

★★

5 En 15 tours de circuit une voiture parcourt 100 km.

a. Compléter.
• En 30 tours cette voiture parcourt .... fois plus de km qu'en 15 tours soit .... km.
• En 3 tours cette voiture parcourt .... fois moins de km qu'en 15 tours soit .... km.

b. Quelle distance parcourt cette voiture en :
• 33 tours ? ....

....

....

• 27 tours ? ....

....

....

6 Pour préparer 16 crêpes Julie utilise 2 œufs.
Combien d'œufs utilise-t-elle pour préparer :
a. 8 crêpes ? .... **b.** 24 crêpes ? ....

7 En 6 min, 32 L d'eau ont coulé d'un robinet.
a. Compléter ce tableau.

× ......
× ......

Durée (en min)	6	21	....
Quantité (en L)	32	....	144

× ......
× ......

b. Que signifient les nombres écrits dans les cases colorées ?

....

....

FICHE

29 Passage par l'unité et règle de trois

SOCLE 6e

Sur un marché le prix à payer pour des oranges est proportionnel à la masse d'oranges achetée. 3 kg d'oranges coûtent 12 €.
Pour calculer le prix de 5 kg de ces oranges, on peut **passer par l'unité** :

- 1 kg d'oranges coûte 3 fois moins cher c'est-à-dire : $\frac{12\ €}{3} = 4\ €$.
- 5 kg d'oranges coûtent 5 fois plus cher que pour 1 kg c'est-à-dire : $5 \times 4\ € = 20\ €$.

Donc 5 kg de ces oranges coûtent 20 €.
Ces calculs peuvent se résumer par **la règle de trois** : $5 \times \frac{12\ €}{3} = 20\ €$.

★

1 À vélo, Numa parcourt 5 m en 8 tours de roue.
Pour calculer la distance parcourue en 20 tours de roue, compléter :

- Calcul de la distance parcourue en 1 tour de roue :

$\frac{\text{........ m}}{\text{........}}$ = ... m

Donc en 1 tour il parcourt .... m.

- Calcul de la distance parcourue en 20 tours de roue : .... × .... m = ... m.

Donc en 20 tours de roue il parcourt .... m.

2 3 cahiers identiques coûtent 6 €.
Calculer le prix d'un cahier, puis le prix de 5 de ces cahiers.

....

....

3 Un oiseau a parcouru 5,6 km en 7 min.
Calculer la distance que parcourt cet oiseau, à cette vitesse, en 1 min, puis en 5 min.

....

....

....

4 Avec 4 barrières identiques mises bout à bout on obtient une longueur de 10 m.
Calculer la longueur d'une barrière, puis la longueur de 7 barrières mises bout à bout.

....

....

....

★★

5 Un employé est payé à l'heure.
Lundi cet employé a travaillé 6 h et il a gagné 81 €. Mardi il a travaillé 5 h 30 min.
Combien cet employé a-t-il gagné mardi ?

....

....

....

6 Voici le plan de deux chambres.
Calculer l'aire de la chambre 2.

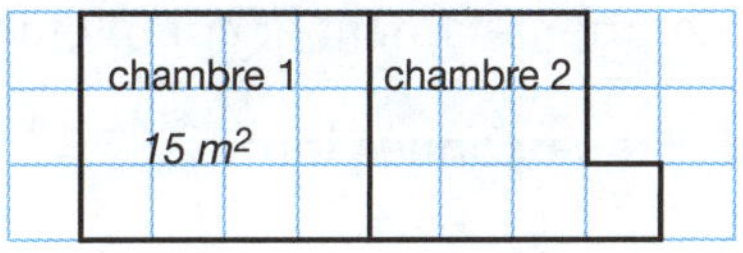

....

....

....

7 Pour ces morceaux de fromage le prix est proportionnel à la masse du morceau.

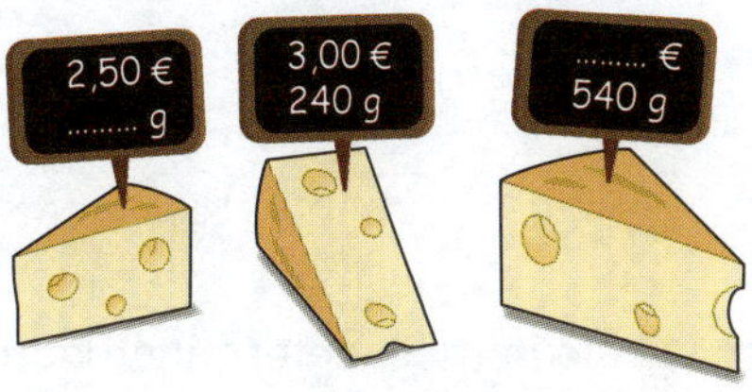

Retrouver les informations qui se sont effacées.

....

....

....

....

....

FICHE

30 Appliquer un taux de pourcentage

SOCLE 6e

Un pot de crème de 250 g contient 12 % de matières grasses.
Calculer la masse de matières grasses dans ce pot, c'est « prendre 12 % de 250 g », c'est-à-dire calculer :

$$\frac{12}{100} \times 250 \text{ g} = 0{,}12 \times 250 \text{ g} = 30 \text{ g}$$

Donc, il y a 30 g de matières grasses dans ce pot de crème de 250 g.

★

1 Compléter.
Pour calculer 30 % de 40 € on effectue :

$\frac{\dots\dots}{\dots\dots}$ × 40 € = ... × 40 € = ... €

Donc 30 % de 40 € font .... €.

2 Compléter.
Pour calculer 60 % de 80 L on effectue :

$\frac{\dots\dots}{\dots\dots}$ × 80 L = ... × 80 L = ... L

Donc 60 % de 80 L font .... L.

3 Calculer mentalement et compléter.

a. 25 % de 80 personnes font ....

b. 50 % de 62 € font ....

c. 100 % de 1,7 kg font ....

d. 40 % de 200 L font ....

4 Combien de minutes font :

a. 70 % d'une heure ? **b.** 40 % d'une heure ?

a. ....

b. ....

5 Avec la calculatrice, déterminer la masse d'huile d'olive contenue dans ce savon de 250 g.

....

....

★★

6 Dans une station de ski les pistes noires représentent 15 % des 80 pistes.
Calculer de deux façons différentes le nombre de pistes qui ne sont pas des pistes noires.

....

....

....

....

7 Une marque de jus de fruits propose une bouteille « Promo » contenant 20 % de boisson supplémentaire.
Quelle quantité de jus de fruits contient la bouteille « Promo » ?

....

....

....

8 Louis veut acheter un pantalon qui non soldé coûte 58 €.
Combien va-t-il payer pendant les soldes ?

....

....

....

....

FICHE

31 Perfectionnement

★★★

1 Un cycliste a parcouru 2 km en 5 min.
On suppose que sa vitesse est constante.
Combien de temps met-il pour parcourir 600 m ?

....

....

....

2 On remplit un récipient d'eau et on note la hauteur selon le nombre de litres versés.

Nombre de litres versés	25	30
Hauteur d'eau (en cm)	10	12

a. La hauteur d'eau est-elle proportionnelle au nombre de litres versés ? Expliquer.

....

....

b. Calculer la hauteur d'eau lorsqu'on verse 40 L.

....

c. Combien de litres a-t-on versés quand la hauteur d'eau est de 28 cm ?

....

....

3 Un tour de cette grande roue dure 20 min.

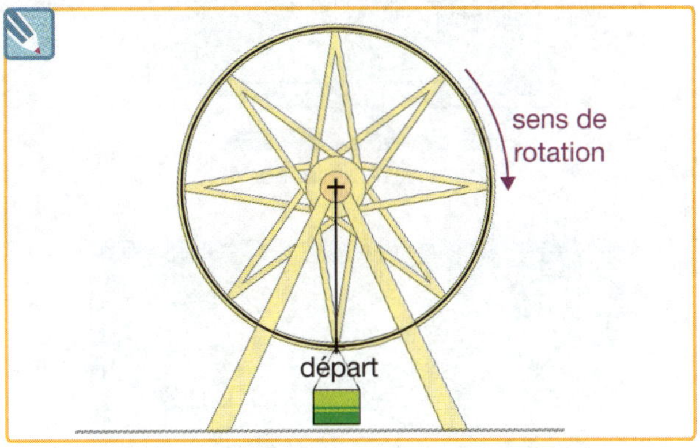

Construire sur la figure ci-dessus la position d'une cabine 7 min après le départ.

....

....

4 Anne est allée (en marchant et en nageant) en ligne droite de la crique à la paillote.

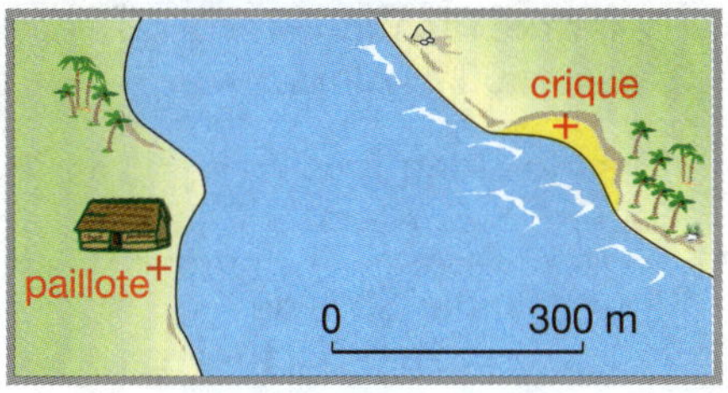

Quelle distance Anne a-t-elle parcourue ?

....

....

....

....

5 Pour une réception qui a lieu dans 5 jours Amélie veut acheter un flacon de parfum à 60 € de la marque « Odory ».
Pour cela elle « étudie deux offres : une du magasin « Miniprix » situé à côté de chez elle et une autre du site internet de la marque « Odory ».

Que peut-on conseiller à Amélie ?

....

....

....

....

....

....

....

....

....

....

....

FICHE 32

QCM et jeux

QCM

Voici un questionnaire à choix multiples.
Pour chaque question, entourer la (ou les) réponse(s) exacte(s).

Note ..... / 5

A	Le temps de cuisson pour 500 g de pates est 8 min…	Le temps de cuisson pour 250 g est 4 min	Le temps de cuisson pour 1 kg est 16 min	Ce n'est pas une situation de proportionnalité
B	12 lettres identiques pèsent 500 g. Alors…	24 de ces lettres pèsent 1 kg	3 de ces lettres pèsent 125 g	27 de ces lettres pèsent 1,125 kg
C	10 stylos identiques coûtent 8 €. Alors…	7 de ces stylos coûtent 5,60 €	1 de ces stylo coûte 1,25 €	12 de ces stylos coûtent 10 €
D	Pour calculer 30 % de 720 €, on peut effectuer…	30 € + 720 €	$\frac{30}{100} \times 720$ €	0,3 × 720 €
E	14 % de 80 kg c'est aussi…	16 % de 70 kg	35 % de 32 kg	5 % de 224 kg

jeu 1

Élisabeth a construit ces deux pyramides avec des cubes identiques.

➤ Quelle est la masse de la grande pyramide ?

280 g

....

....

....

....

....

jeu 2

L'écran de Victorio est un agrandissement de l'écran d'Océane.

On a pris en photo chaque écran au même instant pendant un match.

➤ Placer le joueur et le ballon sur l'écran de Victorio ?

écran d'Océane

écran de Victorio

jeu 3

40 bœufs mangent 60 ballots de paille en 12 jours.

➤ Combien faut-il de bœufs pour manger 96 ballots de paille en 16 jours ?

On supposera que tous les bœufs mangent chaque jour la même ration et que tous les ballots de paille sont identiques.

....

....

....

....

....

Organisation de données

Chapitre 7

CALCUL MENTAL ● .... ● .... ● .... ● .... ● .... / 5

FICHE

33 Tableaux : lire, utiliser, interpréter

SOCLE 6e

Tableau à double entrée : enneigement en Haute-Savoie le 19 février 2013.

Cette colonne donne la hauteur de neige à Combloux

	Avoriaz	Combloux	Flaine
Haut des pistes	310 cm	160 cm	420 cm
Bas des pistes	270 cm	70 cm	80 cm

Cette ligne donne la hauteur de neige au bas des pistes.

Il y a 70 cm de neige à Combloux au bas des pistes.

★

1 Ce tableau donne le nombre de voyelles d'un jeu de société de lettres.

Voyelle	A	E	I	O	U	Y
Nombre de jetons	9	15	8	6	6	1

1. Combien de O y a-t-il ? ....

2. Combien de jetons « voyelle » y a-t-il ? ....

3. Quelle voyelle trouve-t-on :

a. le plus ? .... **b.** le moins ? ....

4. Est-il exact que le A représente une voyelle sur cinq dans ce jeu ? Pourquoi ?

....

2 Ce tableau donne le nombre de stations de tramways de grandes villes de France en 2012.

Ville	Nombre de stations	Ville	Nombre de stations
Paris	112	Nantes	83
Marseille	28	Strasbourg	67
Lyon	95	Montpellier	84
Toulouse	18	Bordeaux	89

a. Quelle ville a 83 stations ? ....

b. Quelles villes ont moins de 30 stations ?

....

c. Quelles villes ont au moins 90 stations ?

....

★★

3 Ce tableau donne la répartition de personnes à bord d'un bateau de croisière.

	Homme	Femme	....
Touriste	700	850	....
Membre d'équipage	220	230	....
....	....	....	....

a. Combien d'hommes sont membres de l'équipage ? ....

b. Compléter le tableau par une colonne Total et une ligne Total.

c. Quel est le nombre total de personnes sur le bateau ? Faire figurer ce nombre dans le tableau.

....

4 Une commune a recensé la masse de déchets (en kg) produits en un an par habitant.

Nature des déchets \ Année	2010	2011
Journal, carton, papier	53,91	52,09
Brique alimentaire	0,82	1,04
Flacon plastique	2,87	3,63
Emballage métallique	1,8	2,02

La production de déchets a-t-elle augmenté ou diminué entre 2010 et 2011 ?

....

....

....

FICHE

34 Tableaux : organiser des données

Exemple de construction d'un tableau :

On a mesuré l'envergure (en cm) de 10 oiseaux-mouches.

8 10 11 9 10 11 8 10 10 8

On remarque qu'il y a quatre réponses différentes.
On présente ces données dans un tableau à deux lignes et cinq colonnes (dont une pour les légendes).

Envergure (en cm)	8	9	10	11
Nombre d'oiseaux	3	1	4	2

★

1 Yann a noté jour après jour la direction du vent à Guidel (Morbihan) en novembre 2012.

O	O	O	O	O	N	S	E	S	O
O	O	S	E	E	E	N	N	S	S
O	S	E	S	S	O	N	N	N	N

a. Compléter le tableau ci-dessous donnant le nombre de jours selon la direction du vent.

Direction du vent	....	....	....	....
Nombre de jours	....	....	....	....

b. Vérifier le nombre total de jours de ce mois.

....

....

2 Parmi les 150 élèves de 6ᵉ d'un collège, il y a 44 filles demi-pensionnaires (DP), 18 externes (E) et 9 internes (I) ; 25 garçons sont externes et 48 sont demi-pensionnaires.

a. Surligner dans l'énoncé les nombres qui concernent les filles de ce collège.
Combien y a-t-il de filles en 6ᵉ ?

....

b. En déduire le nombre de garçons en 6ᵉ.

....

c. Combien de garçons sont internes ?

....

d. Compléter le tableau ci-dessous.

	DP	E	I	Total
Fille				
Garçon				
Total				

★★

3 Ce tableau présente la répartition par jour des quantités de lait (en L) produites dans une ferme, selon le type de lait. Il est incomplet.

	Entier	Demi-écrémé	Écrémé	Total
Vitaminé	45	225	45	....
Non vitaminé	....	315	....	....
Total	225	....	135	....

Compléter entièrement le tableau ci-dessus.

4 Des voitures neuves, de couleurs différentes, sont exposées dans un garage. Elles roulent à l'électricité (EL), à l'essence (ES) ou au gazole (GO).

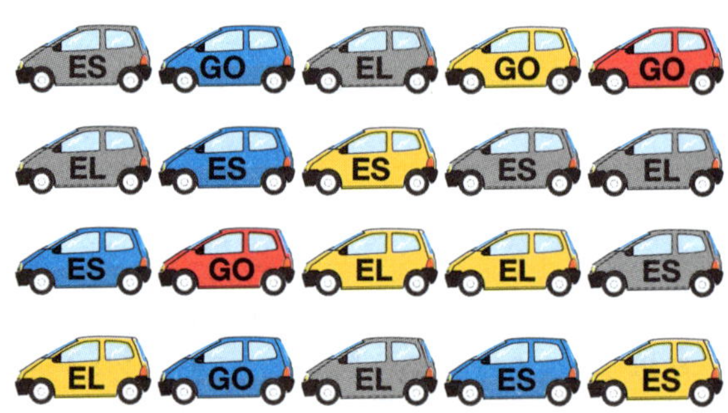

Compléter le tableau ci-dessous comme nous avons commencé à le faire.

Couleur \ Carburant	EL	....	....	....
Jaune	3	....	....	....
....	....	....	....	....
....	....	....	....	....
....	....	....	....	....
....	....	....	....	....

CALCUL MENTAL ● .... ● .... ● .... ● .... ● .... / 5

FICHE

35 Représentations graphiques

SOCLE 6e

Exemple de graphique cartésien

Un éleveur a surveillé la croissance d'un poulain en le mesurant régulièrement de sa naissance à 1 an.

Les pointillés verts signifient qu'à l'âge de 8 mois, le poulain mesure 140 cm au garrot.

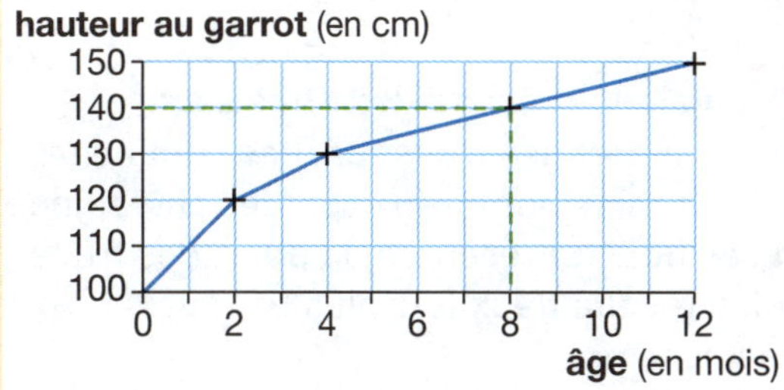

★

1 Hortense lance un dé à six faces.
Voici le nombre de fois où chaque face est sortie.

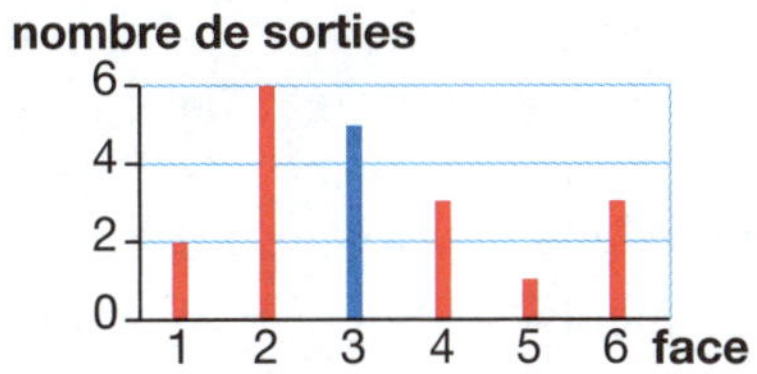

a. Que signifie le bâton bleu ?

....

b. Quelles faces sont sorties le même nombre de fois ? Combien de fois sont-elles sorties ?

....

....

c. Combien de fois a-t-elle lancé le dé ?

....

....

d. Combien de fois a-t-elle lu un nombre pair ?

....

....

2 Ce diagramme représente la répartition d'espèces d'arbres dans une forêt.

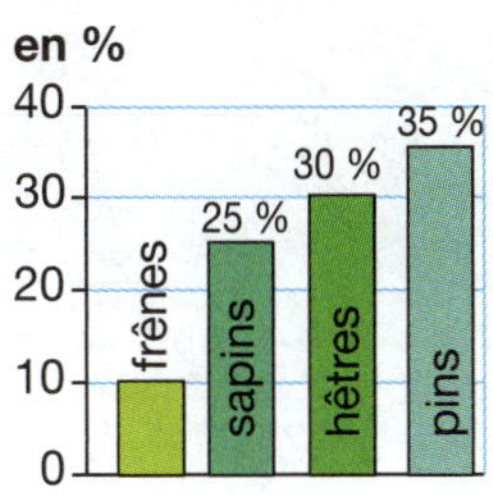

a. Quelle espèce d'arbre trouve-t-on le plus ?

....

b. Quel est le pourcentage de frênes ? Pourquoi ?

....

....

★★

3 Ce graphique représente la hauteur (en m) du ballon lors d'un lancer au basket en fonction du temps (en s) écoulé depuis le lancer.

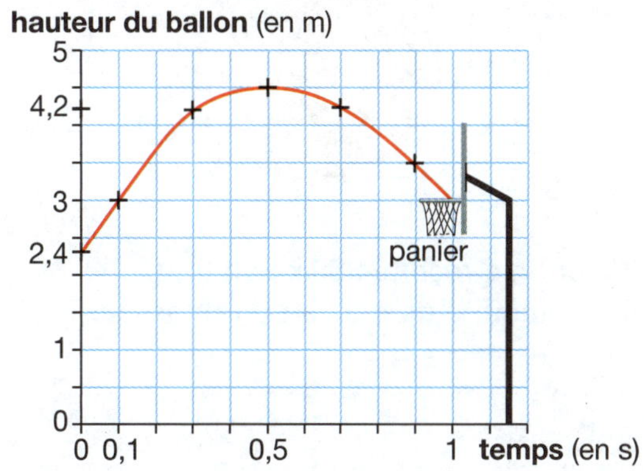

1. Que lit-on sur l'axe horizontal ?

....

2. Que lit-on sur l'axe vertical ?

....

3. À quelle hauteur se trouve le ballon 0,1 s après le lancer ?

....

4. a. Quelle est la hauteur maximale atteinte par le ballon ?

....

b. Au bout de combien de temps le ballon atteint-il cette hauteur ?

....

5. Compléter le tableau ci-dessous.

Temps (en s)	....	0,1	....	0,5	....	0,9	1
Hauteur du ballon (en m)	2,4	....	4,2	....	4,2	....	....

FICHE

36 Perfectionnement

★★★

1 Valentin récolte des fruits secs.
- La plupart des fruits récoltés sont des amandes.
- Les moins nombreux sont les châtaignes.
- Les noix représentent le quart des fruits.
- Il a récolté deux fois plus de noisettes que de pistaches.

a. Ce diagramme circulaire montre la répartition des quantités ramassées. Compléter les légendes.

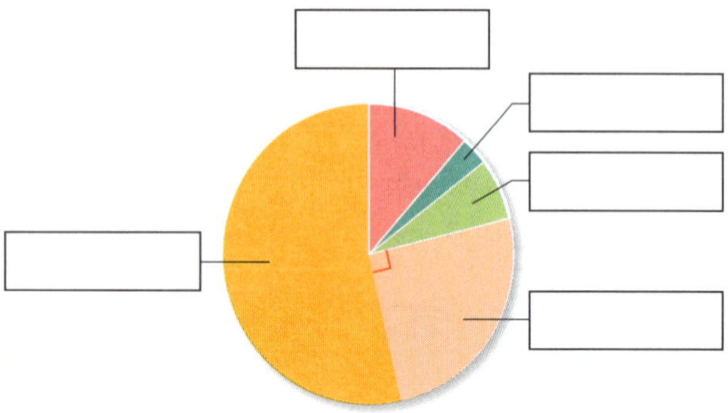

b. Valentin a récolté 956 kg en tout.
Quelle quantité de noix a-t-il ramassées ?

....

....

c. Iris affirme : « Les amandes représentent 80 % des fruits récoltés ». A-t-elle raison ?

....

....

....

2 Le tableau et le diagramme ci-dessous présentent le nombre de jeunes cigognes baguées dans un marais de Couëron (Loire-Atlantique) au début du mois de juin, de 2010 à 2013. Ils sont incomplets.
Compléter le tableau et le diagramme.

Année	Nombre de cigogneaux
2010	9
2011	....
2012	....
2013	5
Total	28

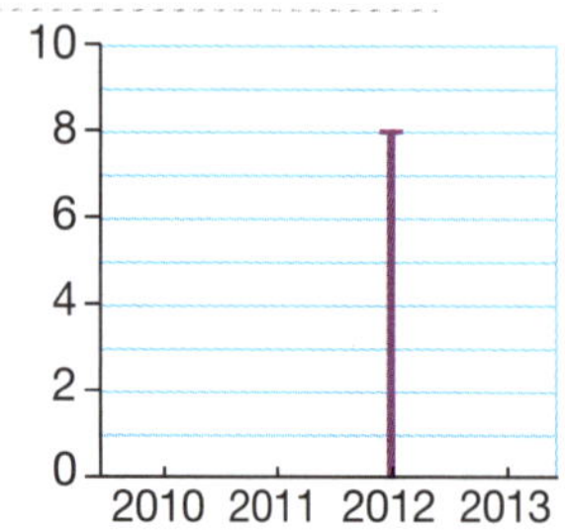

3 Ce diagramme représente la répartition des adhérents à un club de loisirs selon le sport pratiqué.

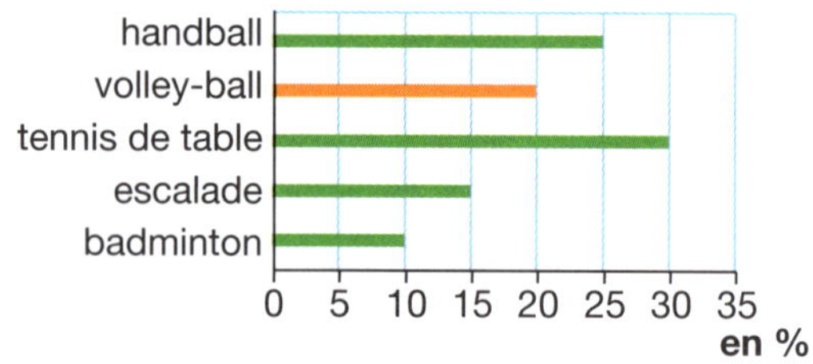

a. Que signifie la barre orange ?

....

b. Ce club a 180 adhérents. Quel est le nombre d'adhérents dans chaque sport ? Présenter les résultats dans un tableau à deux colonnes.

Calculs

....

....

....

....

....

Tableau

....	....
....	....
....	....
....	....
....	....
....	....

4 **a.** Décrire cette randonnée à bicyclette (durée, distance parcourue...).

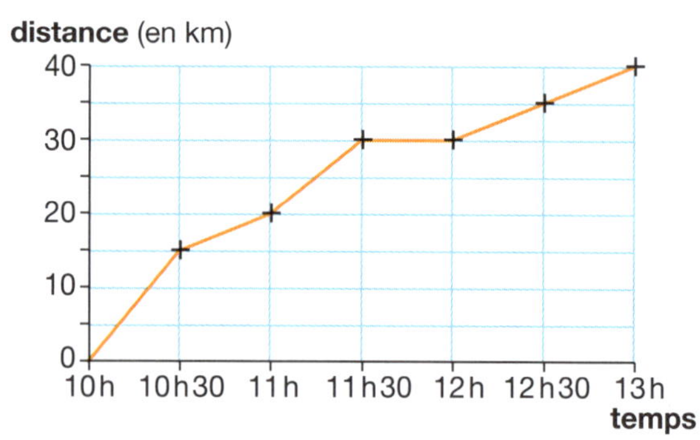

....

....

b. Quel tronçon est le plus rapide ?

....

c. Que s'est-il passé de 11 h 30 à 12 h ?

....

FICHE 37

QCM et jeux

Note ..... / 5

QCM

Voici un questionnaire à choix multiples. Pour chaque question, entourer la (ou les) réponse(s) exacte(s).

À la suite d'enquêtes sur l'équipement automobile des familles, on a pu dresser le tableau ci-contre.

Nombre de voitures \ Année	1980	1990	2000	2010
0	29 %	23 %	20 %	17 %
1	54 %	51 %	51 %	48 %
2	15 %	23 %	25 %	
3 ou plus	2 %	3 %	4 %	5 %
Total	100 %	100 %	100 %	100 %

Sources : ***CCFA/INSEE***

Il est utilisé pour les cinq questions du QCM.

A	Le pourcentage de familles ayant une seule voiture en 2000 est...	20 %	54 %	51 %
B	Le pourcentage de familles ayant au moins deux voitures en 1990 est...	23 %	26 %	74 %
C	Le pourcentage de familles ayant deux voitures en 2010 est...	17 % + 48 % + 5 %	100 % – (17 % + 48 % + 5 %)	30 %
D	Le pourcentage de familles sans voiture a baissé de 3 points de...	1980 à 1990	1990 à 2000	2000 à 2010
E	Ce diagramme circulaire représente la répartition des familles selon le nombre de voitures pour l'année... 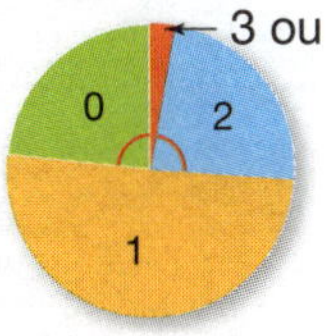	1990	2000	2010

jeu 1

Alice, Hélène et Louise sont en 6e, 5e ou 4e.
Elles ont chacune une passion : le chant, la danse ou la peinture.
Trouver leur passion et leur classe sachant :

- celle qui est passionnée de danse est en 5e,
- Hélène aime le chant,
- Louise est en 4e.

D'après *Rallye Mathématique Poitou-Charentes*

Conseil : on peut penser à un tableau à double entrée pour organiser la recherche.

....

....

....

....

....

....

jeu 2

Sur 35 personnes interrogées :

- 17 ont déclaré faire du basket,
- 14 du tennis,
- 15 du volley-ball,
- 8 font à la fois du basket et du tennis,
- 7 font à la fois du tennis et du volley-ball,
- 6 font à la fois du basket et du volley-ball,
- 5 pratiquent les trois sports.

Y a-t-il des personnes qui ne pratiquent aucun de ces trois sports ? Si oui, combien ?

....

1 Comparer une situation à un modèle connu

Pour fêter son anniversaire, Claire a prévu d'inviter 17 amis et de leur préparer des gâteaux au chocolat.

a. Avec les 20 € que ses parents lui ont accordés, aura-t-elle assez d'argent pour réaliser ses gâteaux ?

b. À quelle heure devra-t-elle commencer à cuisiner si elle veut sortir ses gâteaux du four à 13 h 30 ?

Ingrédients pour 6 personnes
- 200 g de chocolat noir
- 4 œufs
- 125 g de beurre
- 200 g de sucre en poudre
- 100 g de farine
- 1 sachet de levure

Temps de préparation
15 min

Temps de cuisson
25 min à 180 °C

2 Confronter l'information disponible à ses connaissances

David prête son ordinateur portable à Mathilde.
Il lui dit : « J'ai chargé la batterie. Tu peux rester 5 h en autonomie. »
Un peu plus tard, le voyant de la batterie clignote et le message ci-contre apparaît.
Cet affichage correspond-il à ce qu'a annoncé David ?

22 min (9 %) restante(s)

Plan d'alimentation actuel : VAIO Optimisé

3 Exploiter des résultats

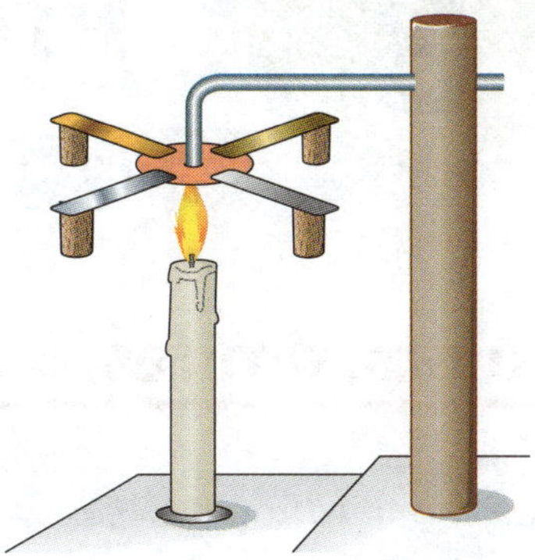

Le schéma ci-contre présente une expérience.
On dispose en étoile quatre lames métalliques dont les dimensions (épaisseur, largeur, longueur) sont identiques, mais chaque lame est d'un métal différent : acier, aluminium, cuivre et laiton.
À l'extrémité de chaque lame, on fixe un bouchon par une goutte de cire. L'ensemble est disposé sur un support.
Une bougie allumée est placée sous le centre de l'étoile.
Lorsque l'extrémité de chaque lame atteint 65° (température de fusion de la cire), le bouchon tombe : les lames métalliques ont conduit la chaleur.

Conduction de la chaleur dans différents matériaux

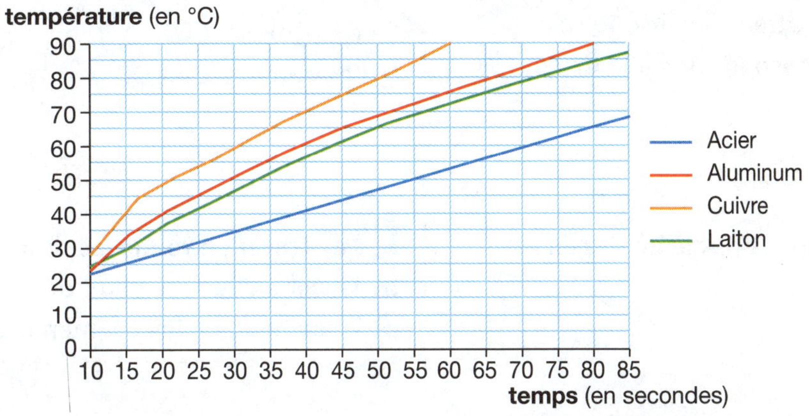

a. À l'aide du graphique ci-contre, trouver pour chaque métal le temps nécessaire à la chute du bouchon et compléter le tableau.

	Acier	Aluminium	Cuivre	Laiton
Temps (en secondes)	....	....	....	....

b. Parmi les deux listes ci-dessous, cocher celle qui range les quatre métaux du moins bon conducteur de chaleur au meilleur conducteur de chaleur.

☐ Cuivre – Aluminium – Laiton – Acier

☐ Acier – Laiton – Aluminium – Cuivre

4 Organiser l'information utile

Le tableau ci-dessous indique la répartition garçons/filles des élèves de 6e d'un collège.
On sait que :
- en tout, il y a 109 élèves répartis dans les quatre classes ;
- les 6B et 6D ont le même nombre d'élèves.

Compléter ce tableau.

	Nombre de filles	Nombre de garçons	Nombre d'élèves
6A	14	....	27
6B	....	12	....
6C	....	....	26
6D	13	....	....
Total	57	....	....

Chapitre 8

Premiers pas en géométrie

CALCUL MENTAL • .... • .... • .... • .... • .... / 5

FICHE

39 Points, droites, demi-droites, segments

SOCLE 6e

La droite (*d*) ou (MN).

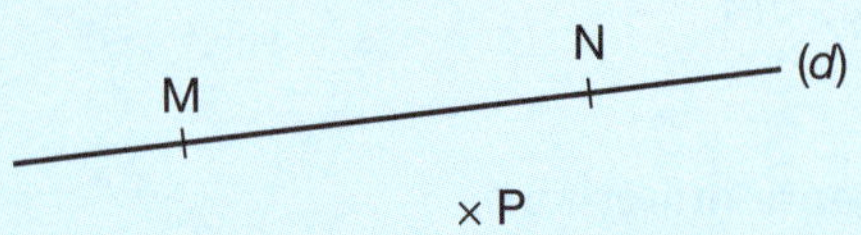

M ∈ (*d*) M **appartient à** la droite (*d*).
P ∉ (*d*) P **n'appartient pas à** la droite (*d*).

La demi-droite [AB) d'origine A.

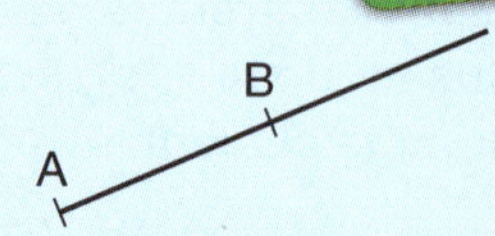

Le segment [CD] d'extrémités C et D.

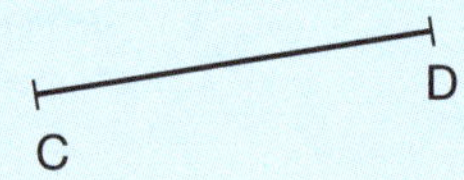

★

1 Repasser en rouge la partie du dessin indiquée.

a. [EF]

b. [EF)

c. [FE)

d. (EF)

2 Indiquer le nom de la partie colorée en rouge.

a.  ....

b.  ....

c.  ....

d.  ....

....

3 Repasser : • en rouge les droites, • en vert les demi-droites, • en bleu les segments.

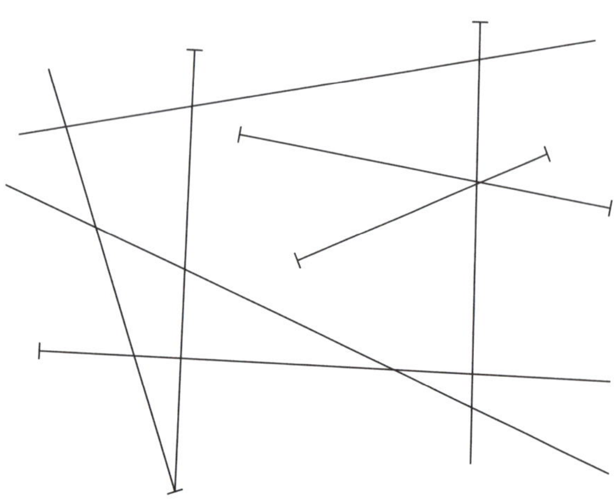

★★

4 **a.** Tracer en rouge les droites (AB) et (AC).
b. Tracer en vert les demi-droites [EG) et [FB).
c. Tracer en bleu les segments [DC] et [AF].

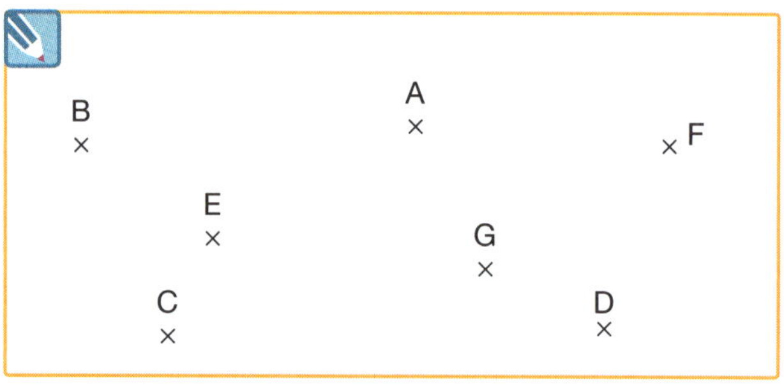

5 Compléter les pointillés par ∈ ou ∉.

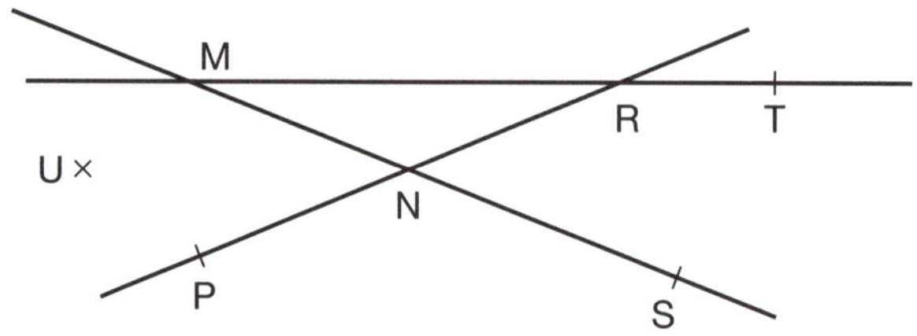

a. R .... (MT) **b.** T .... (MR) **c.** T .... [MR]
d. T .... [MR) **e.** M .... [RT) **f.** M .... (NS)
g. M .... [MS) **h.** R .... [PN) **i.** U .... (PM)

6 Placer des points A, B, C tels que :
• A ∈ [MN] • B ∈ [MP) • C ∈ (PN) et C ∉ [PN]

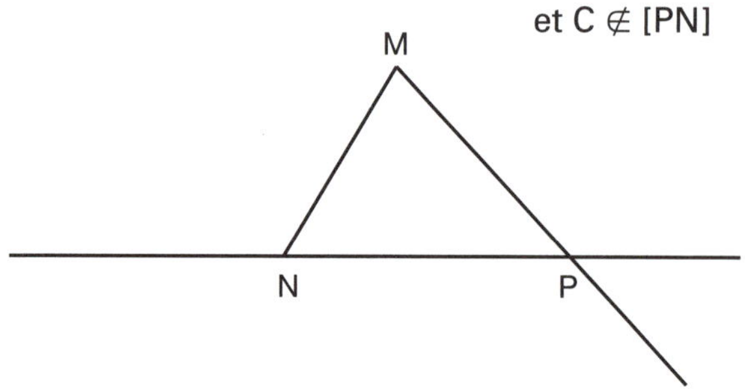

FICHE

40 Longueurs, cercles

SOCLE 6e

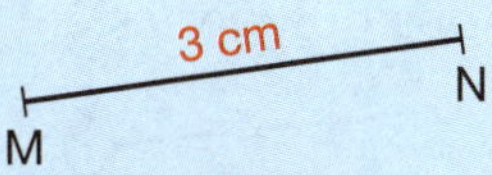

MN = 3 cm

MN désigne la **longueur** du segment [MN].

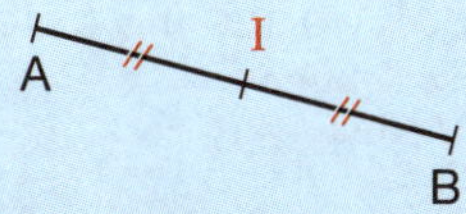

I ∈ [AB] et AI = IB

On dit que I est le **milieu** du segment [AB].

Le **cercle** de centre O et de **rayon** 1 cm est formé de tous les points à 1 cm de O.

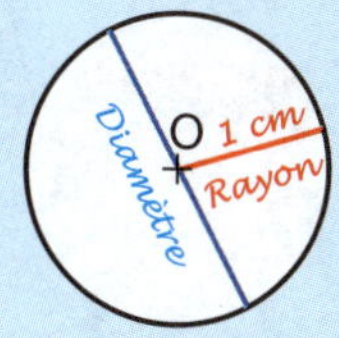

★

1 Tracer :

a. un segment [AB] de longueur 5 cm ;

b. un segment [AC] tel que AC = 3,5 cm.

2 **a.** Mesurer la longueur de chaque segment et compléter les pointillés.

b. Placer le milieu de chaque segment.

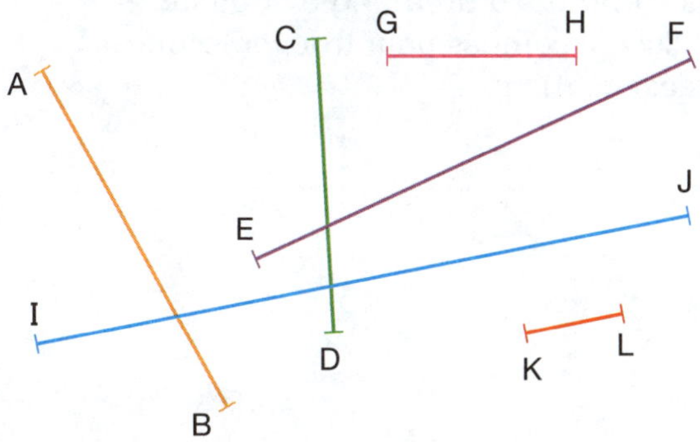

AB = ... cm CD = ... cm EF = ... cm
GH = ... cm IJ = ... cm KL = ... cm

3 **a.** Tracer le cercle de centre A et de rayon 2 cm.

b. Placer un point B qui appartient à ce cercle.

c. Compléter :
AB = ... cm.

+
A

★★

4 Construire :

a. le segment [AC] de milieu B ;

b. le segment [BD] de milieu A.

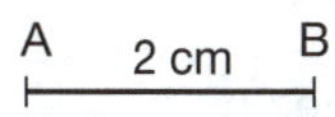

5 Le segment [MN] ci-dessous a pour longueur 5 cm.

Tracer le cercle de diamètre [MN].

6 Avec le compas et la règle, compléter la figure afin d'obtenir un triangle TRI tel que :

TR = 5 cm, TI = 6 cm, IR = 3,5 cm.

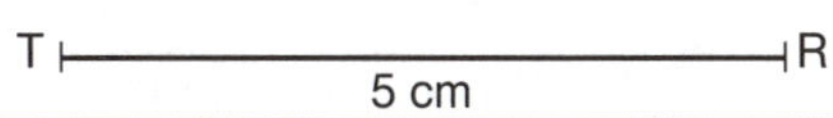

FICHE

41 Exemples de polygones

SOCLE 6e

Un polygone ABCDE.

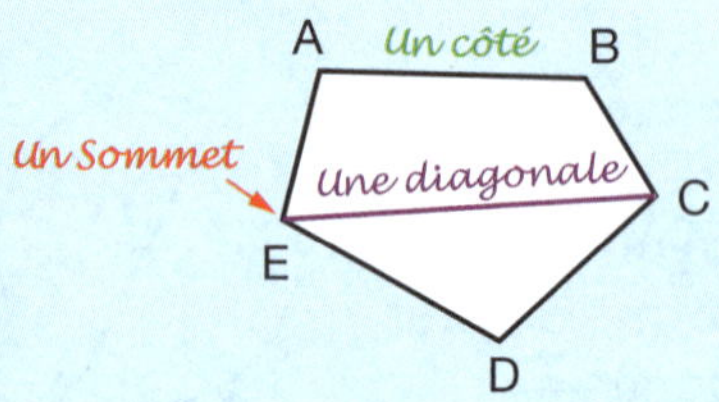

Pour nommer un polygone, on note les sommets dans l'ordre où on les rencontre en tournant dans le même sens.

Les **triangles** sont des polygones à 3 côtés.

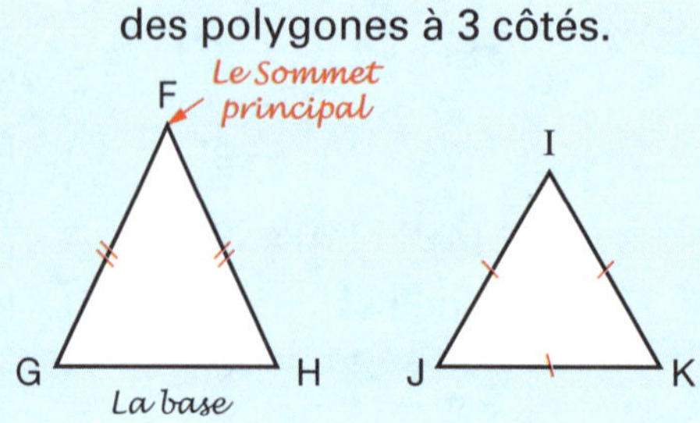

FG = FH
Un triangle FGH **isocèle** en F.

IJ = JK = KI
Un triangle IJK **équilatéral**.

Les **quadrilatères** sont des polygones à 4 côtés.

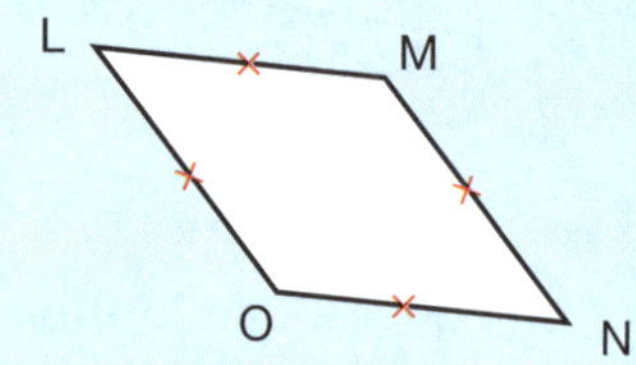

LM = MN = NO = OL
Un **losange** LMNO.

★

1 **a.** Entourer des noms possibles de ce polygone.

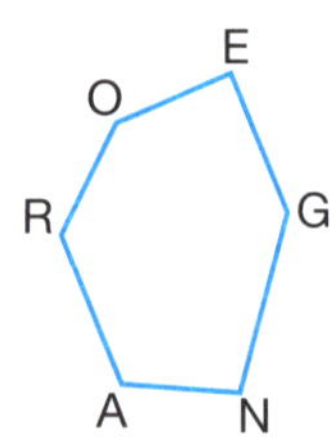

ORANGE RENAOG

EGONAR GEORAN

ANGEOR NARGEO

b. Proposer un autre nom de ce polygone.

....

2 Pour chaque polygone, écrire s'il s'agit d'un triangle (isocèle, équilatéral si tel est le cas), ou d'un quadrilatère (un losange si c'est le cas).

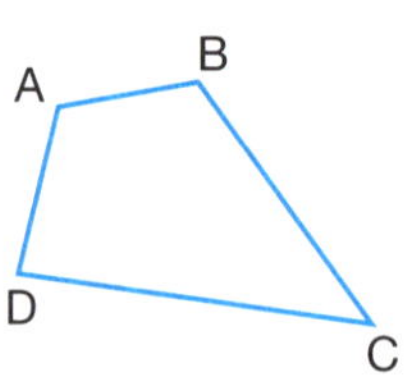

....

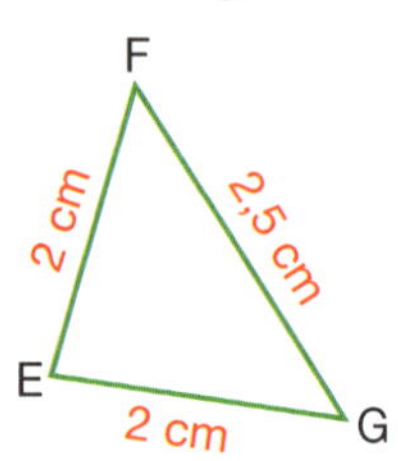

....
....

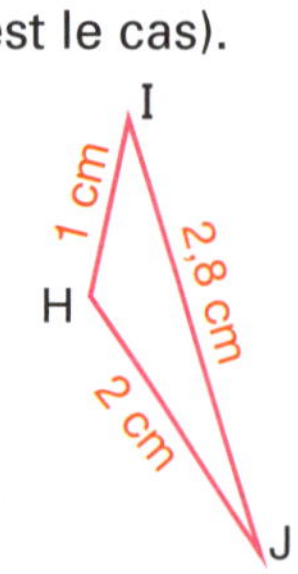

....

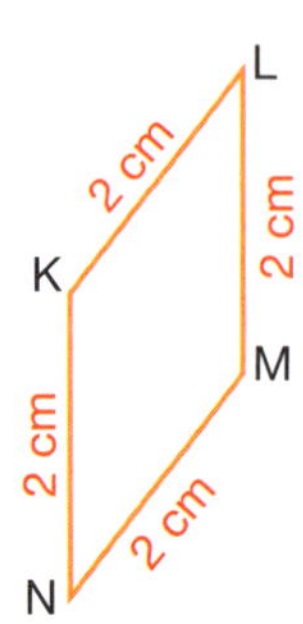

....

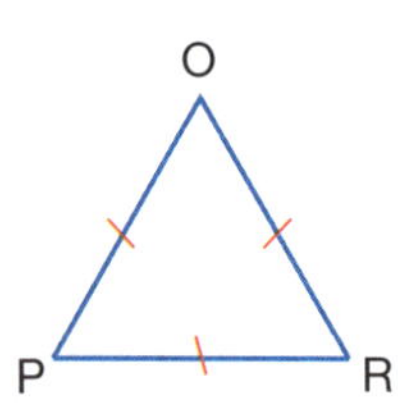

....
....

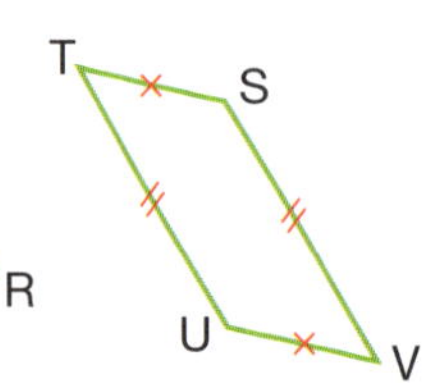

....

★★

3 Compléter la figure ci-dessous de façon à obtenir un triangle isocèle EFG de sommet principal F (mais qui ne soit pas équilatéral).

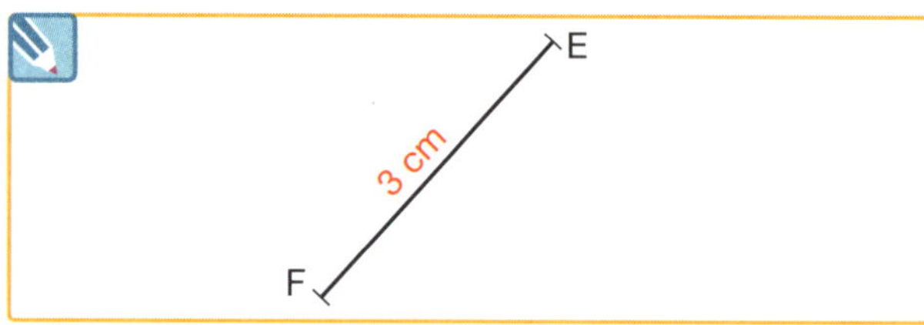

4 Trois des points ci-dessous sont les sommets d'un triangle équilatéral. Utiliser le compas pour trouver lesquels. Tracer ce triangle.

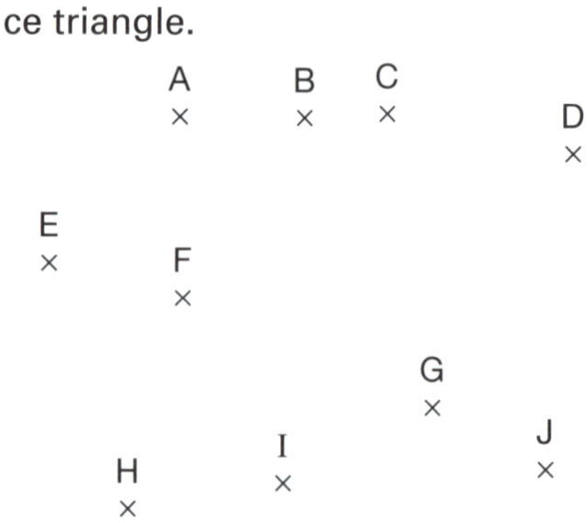

5 Avec le compas, compléter cette figure de façon à obtenir un losange VOIR.

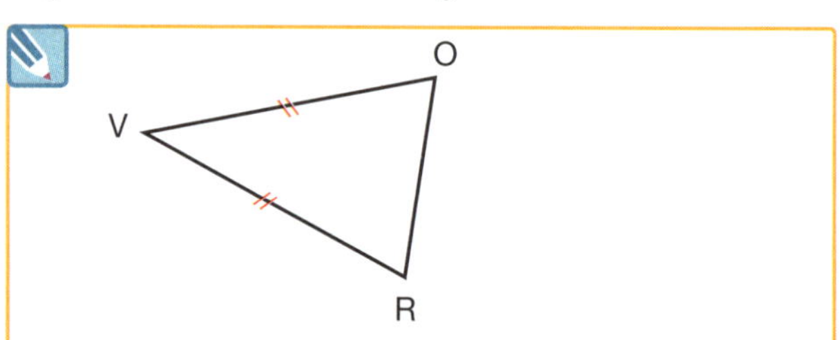

FICHE
42 Perfectionnement

★★★

1 Voici une coque de téléphone portable réalisée par Josh Hardman.
Construire un agrandissement de ce triangle équilatéral à partir du segment dessiné ci-desssous.

2 Voici un plan du célèbre triangle des Bermudes.
Reproduire ce triangle avec les instruments de géométrie.

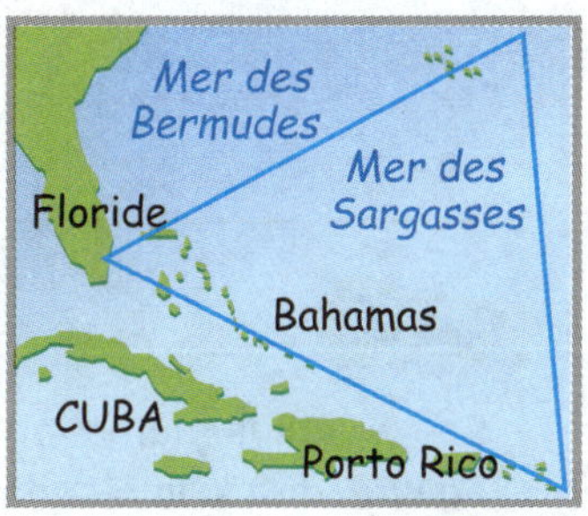

3 Rédiger les consignes nécessaires à la réalisation de la figure ci-contre en vraie grandeur.

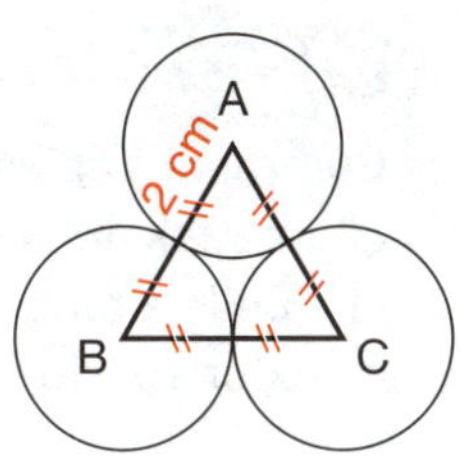

....

....

....

4 Lucie doit aller chercher un trésor dans la salle représentée ci-dessous.
Mais ce trésor est gardé par trois lions :
* Arlan, attaché en A à une chaîne de 7 m,
* Baltik, attaché en B à une chaîne de 6 m,
* Chark, attaché en C à une chaîne de 5 m.

Tracer un chemin possible pour Lucie en laissant apparents les traits de construction.

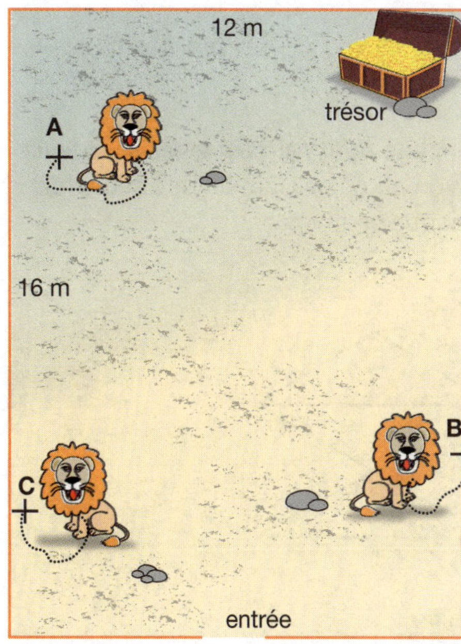

5 **(1)** Marquer un point tous les centimètres sur les segments [AB], [BC], [CD].

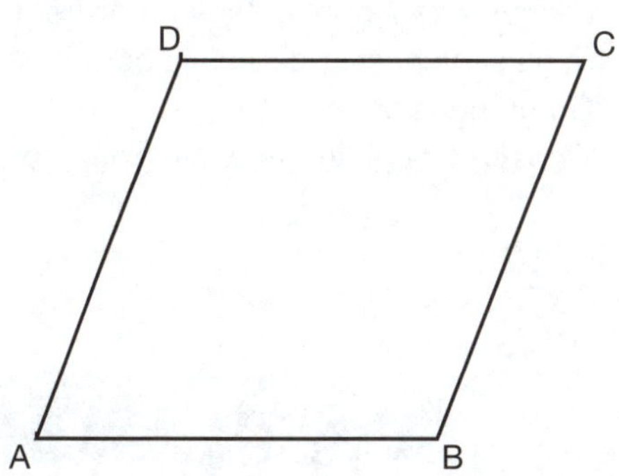

(2) Sur la demi-droite [BA), à l'extérieur du segment [AB], placer le point E tel que AE = 2 cm.

(3) Sur la demi-droite [CD), à l'extérieur du segment [CD], placer le point F tel que DF = 2 cm.

(4) Tracer tous les segments qui joignent :
- E aux points marqués sur [BC] et [CD],
- F aux points marqués sur [BC] et [AB].

(5) Colorier le dessin obtenu.

FICHE 43

QCM et jeux

QCM

Voici un questionnaire à choix multiples.
Pour chaque question, entourer la (ou les) réponse(s) exacte(s).

Note ..... / 5

A	La droite qui passe par les points A et B est notée ...	(AB)	[AB)	[AB]
B	La longueur du segment [MN] est notée ...	[MN)	MN	NM
C	Un diamètre d'un cercle ...	mesure deux fois le rayon	est une corde qui passe par le centre du cercle	est le double du rayon
D	ABC est un triangle équilatéral. Donc ce triangle ...	est isocèle en A	est isocèle en B	n'est pas isocèle
E	EFGH est un losange. Donc ...	le triangle EFH est isocèle en E	EF = HG	EG = FH

jeu 1

Tracer cette figure à main levée sans lever le crayon en ne passant qu'une seule fois sur chaque segment.

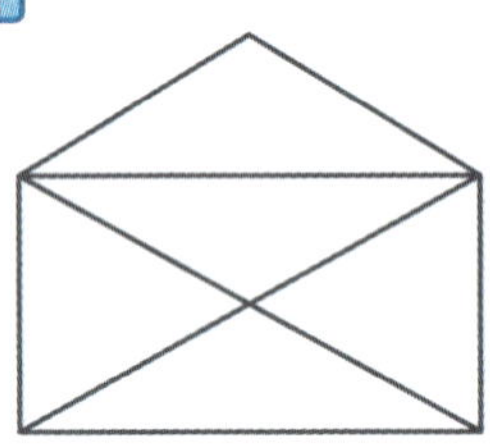

jeu 2

En 1750, le jeu à la mode dans la ville de Königsberg (actuellement Kaliningrad, en Russie) consistait à savoir comment traverser chacun des 7 ponts, dans un ordre quelconque, mais sans passer deux fois par le même pont.
Qu'en pensez-vous ?
Conseil : travailler au crayon de papier.

....

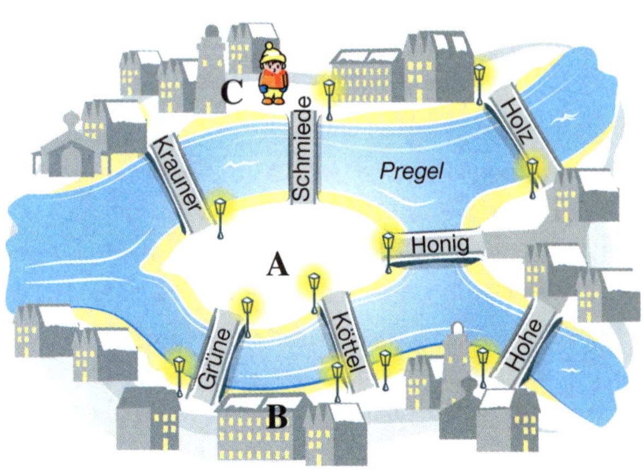

jeu 3

Tracer un polygone qui a 14 diagonales.

jeu 4

En suivant la même logique qu'à la première égalité, dire si le résultat de la deuxième est A, B, C ou D.

D'après *Bernard Myers*

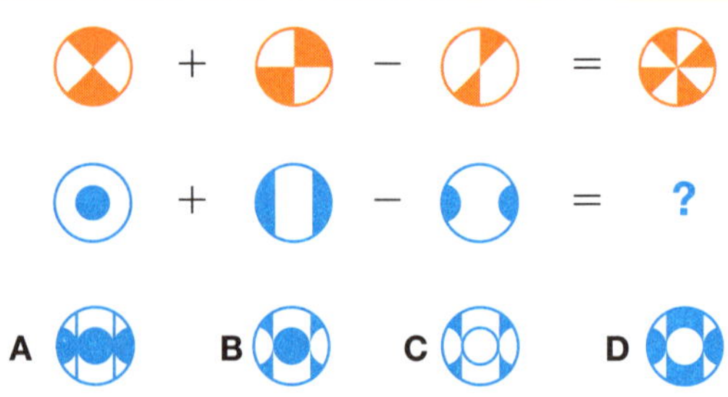

jeu 5

Comment déplacer deux allumettes afin de reconstituer la « pelle à tarte » avec le gâteau à l'extérieur de celle-ci ?

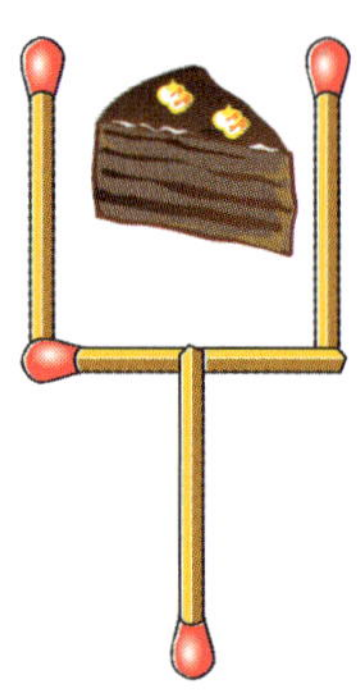

Droites parallèles, perpendiculaires

Chapitre 9

CALCUL MENTAL ● .... ● .... ● .... ● .... ● .... / 5

FICHE 44

Droites perpendiculaires. Médiatrice d'un segment

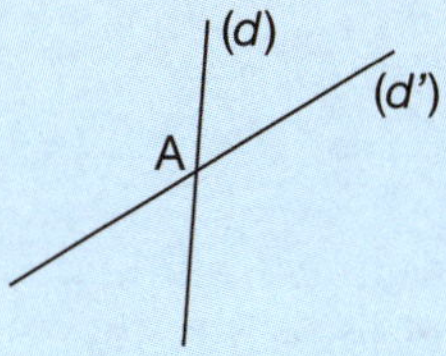

Droites sécantes : elles ont un seul point d'intersection.

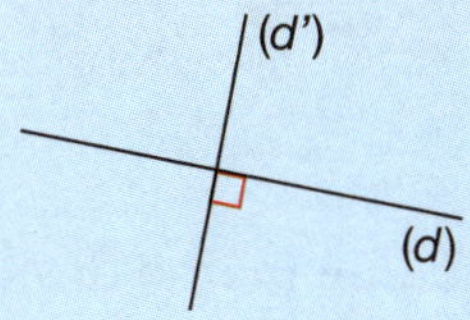

$(d) \perp (d')$

Droites perpendiculaires : elles forment quatre angles droits.

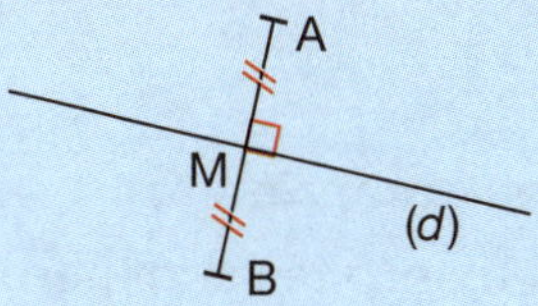

(d) est **la médiatrice** du segment [AB] : c'est la perpendiculaire à la droite (AB) en le milieu M du segment [AB].

★

1

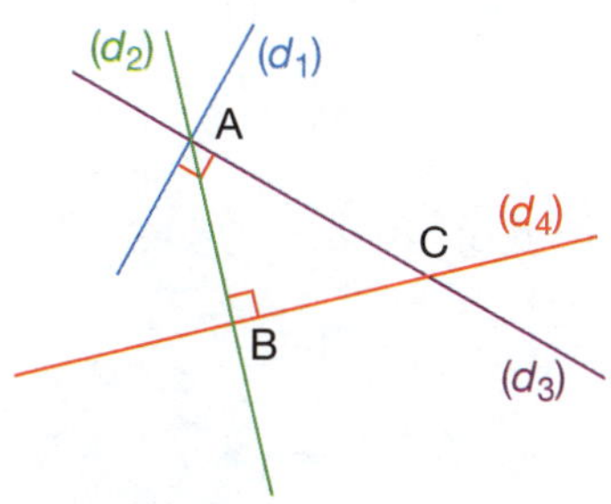

Compléter les phrases.

a. Les droites (d_1) et (d_2) sont .... en .....

b. Les droites (d_2) et (d_4) sont .... en ....

c. Les droites .... et .... sont perpendiculaires en A.

d. C est le .... des droites (d_3) et (d_4).

2 **a.** Par le point M, tracer :

- la droite (d_1) perpendiculaire à la droite (d) ;
- la droite (d_2) perpendiculaire à la droite (d').

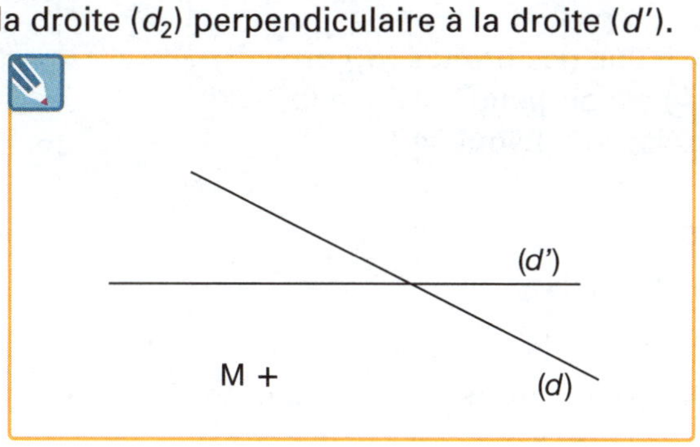

b. Compléter avec un symbole mathématique :

(d_1) .... (d) et (d_2) .... (d')

★★

3 Tracer la médiatrice (d) du segment [AB].

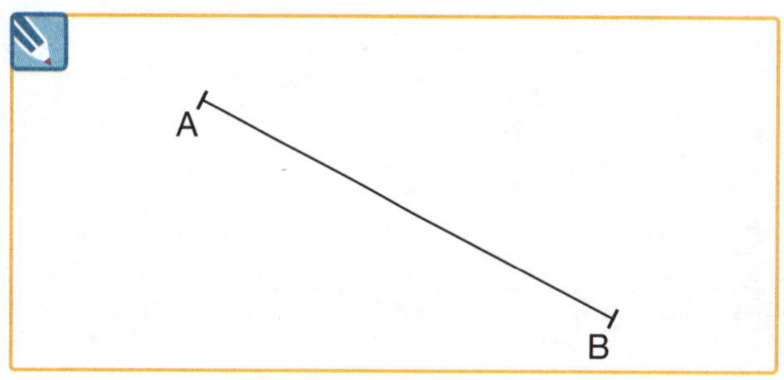

4

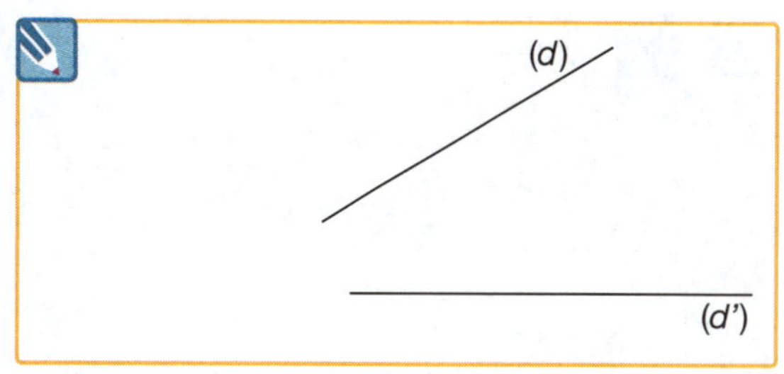

Les droites (d) et (d') sont-elles sécantes ? ....
Si oui, construire leur point d'intersection I.

5 Par le point A, tracer :

- la droite (d_1) perpendiculaire à la droite (d) ;
- la droite (d_2) perpendiculaire à la droite (d').

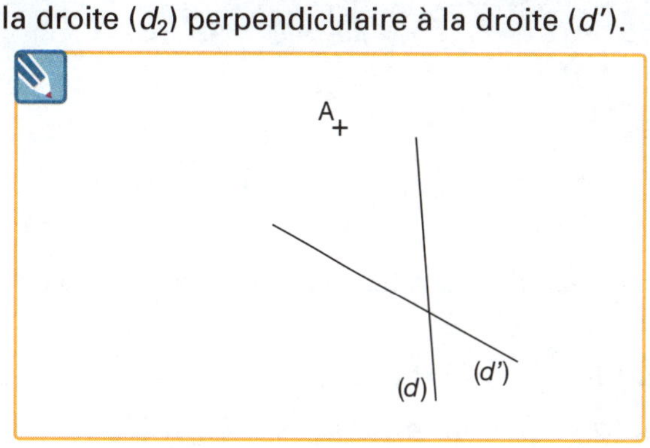

FICHE

45 Droites parallèles. Deux propriétés

SOCLE 6e

● Tracé de la droite (d') parallèle à la droite (d) passant par le point A.

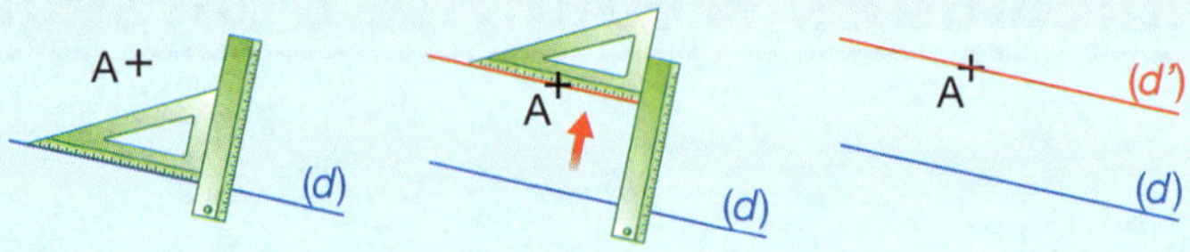

$(d) // (d')$

● **Deux propriétés :**

Si deux droites sont perpendiculaires à une même droite, alors elles sont parallèles.
Si deux droites sont parallèles et si une troisième droite est perpendiculaire à l'une, alors elle est aussi perpendiculaire à l'autre.

★

1 Tracer avec la règle et l'équerre les droites :
- (d_1) passant par M et parallèle à la droite (d) ;
- (d_2) passant par M et parallèle à la droite (d').

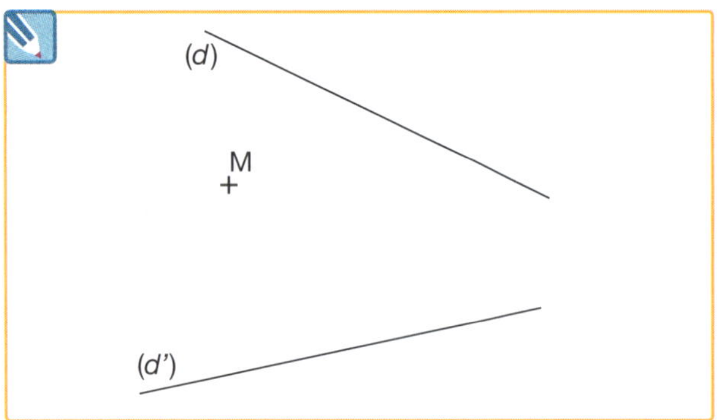

2

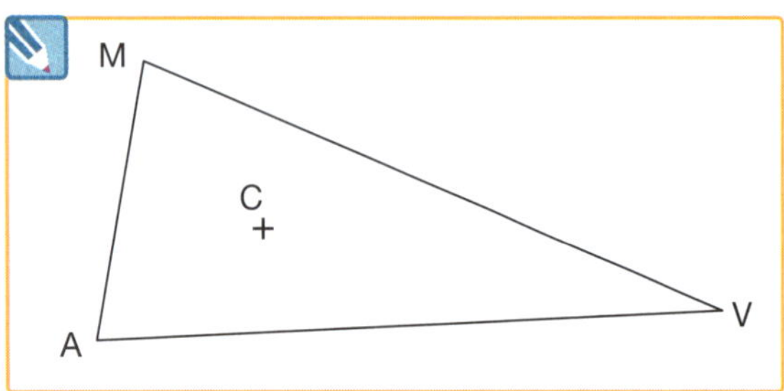

Par le point C placé ci-dessus, tracer :
- la droite (d_1) parallèle à la droite (AV) ;
- la droite (d_2) parallèle à la droite (AM) ;
- la droite (d_3) parallèle à la droite (VM).

3

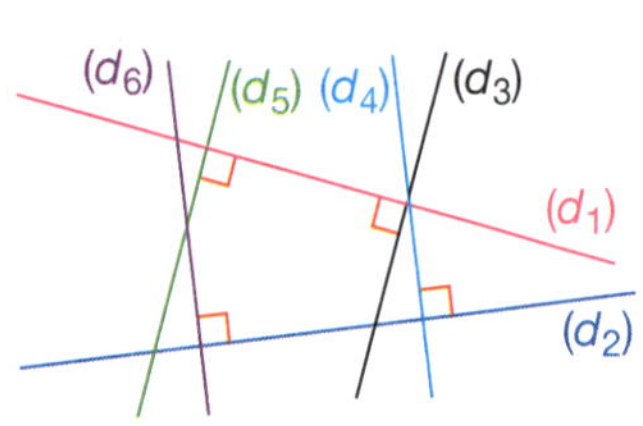

Compléter si possible avec l'un des symboles ⊥ ou //.

a. (d_1) .... (d_3) **b.** (d_1) .... (d_5) **c.** (d_3) .... (d_5)
d. (d_1) .... (d_4) **e.** (d_2) .... (d_6) **f.** (d_4) .... (d_6)

★★

4

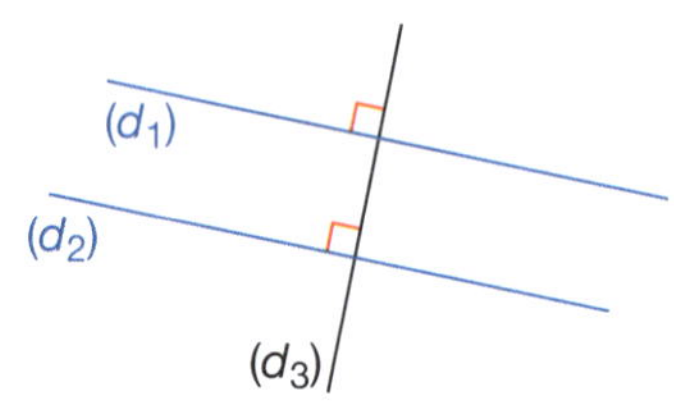

a. Que sait-on grâce aux codages ?

....

....

b. Que peut-on affirmer alors pour (d_1) et (d_2) ?

....

....

c. Quelle propriété permet d'affirmer cela ?

....

....

5 Ci-contre, les droites (d) et (d') sont parallèles.

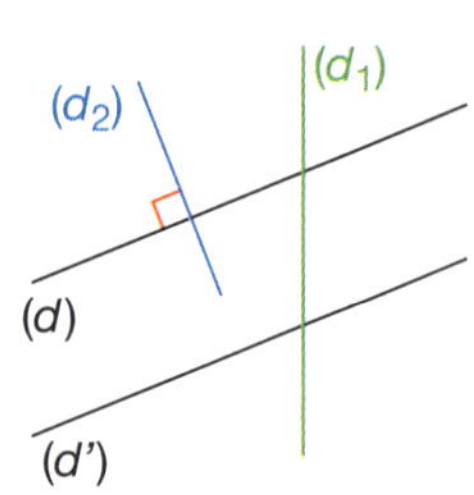

a. L'une des droites (d_1) ou (d_2) est perpendiculaire à la droite (d'). Laquelle ?

....

b. Compléter.
Données : (d) .... (d') et .... (d)
Or si deux droites sont parallèles et si une troisième...

....

Conclusion : Donc .... (d').

FICHE

46 Triangles rectangles. Rectangles et carrés

SOCLE 6e

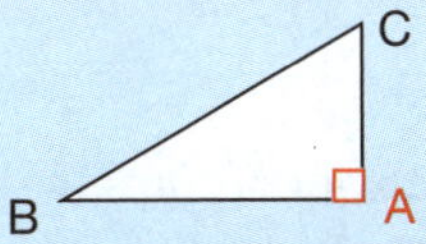

Triangle rectangle en A.
L'angle en A est droit.

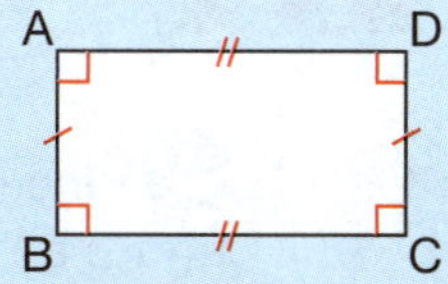

Rectangle ABCD.
- Ses quatre angles sont droits.
- AB = DC et AD = BC.

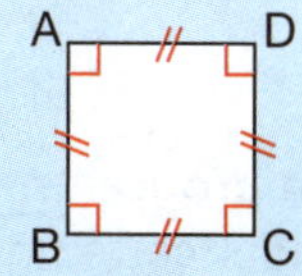

Carré ABCD.
- Ses quatre angles sont droits.
- AB = BC = CD = DA.

★

1 **a.** On a commencé à construire en vraie grandeur le triangle LEV ci-contre. Terminer la construction.

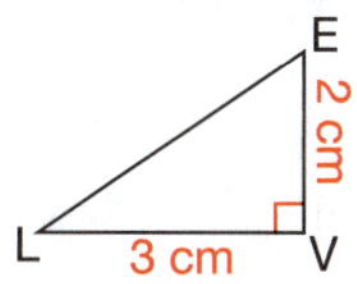

b. Que peut-on dire du triangle LEV?

....

c. Quels sont les côtés perpendiculaires?

....

2 **a.** Pour chacun des quadrilatères dessinés, écrire à l'intérieur: R s'il s'agit d'un rectangle non carré, C s'il s'agit d'un carré.

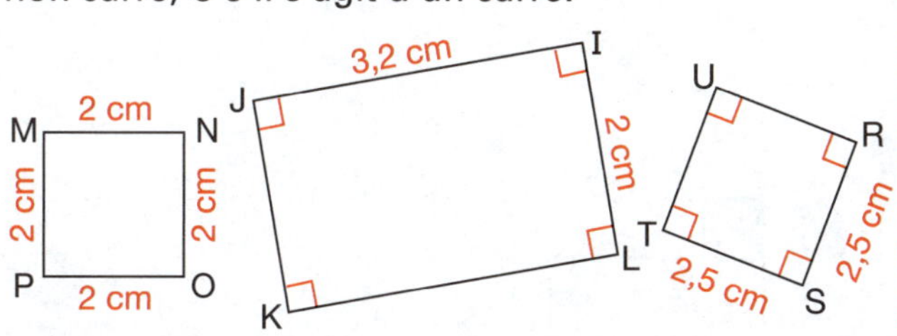

b. Construire en vraie grandeur les quadrilatères IJKL et URST.

★★

3 Maeva était absente au dernier cours. Comment lui expliquer au téléphone, en une seule phrase dans chaque cas, les trois figures qui sont à tracer pour le prochain cours?

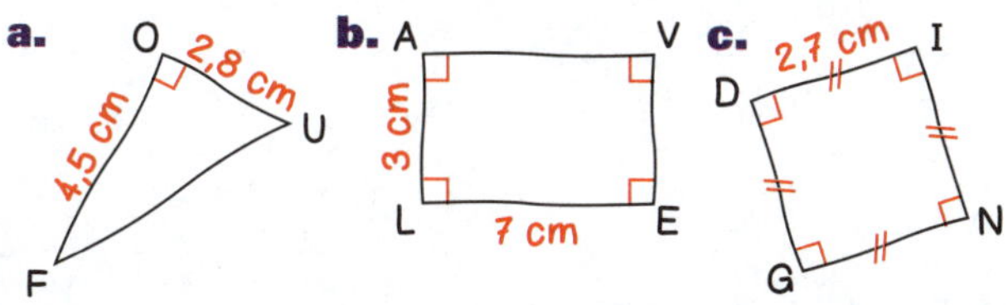

a. ....

....

b. ....

....

c. ....

....

4 **a.** On a commencé à construire un triangle TRI rectangle en T tel que TR = 4,8 cm et RI = 5,5 cm.
Terminer la construction.

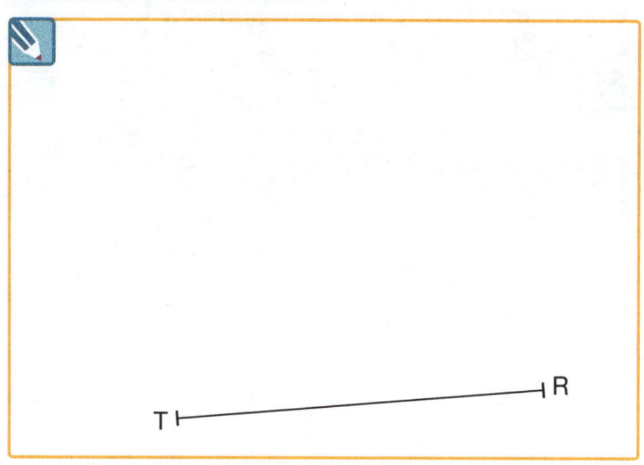

b. Placer le point O tel que le quadrilatère TIOR soit un rectangle.

FICHE

47 Perfectionnement

★★★

1 Écrire un programme expliquant comment on peut réaliser cette figure, où les droites (d) et (AC) sont parallèles.

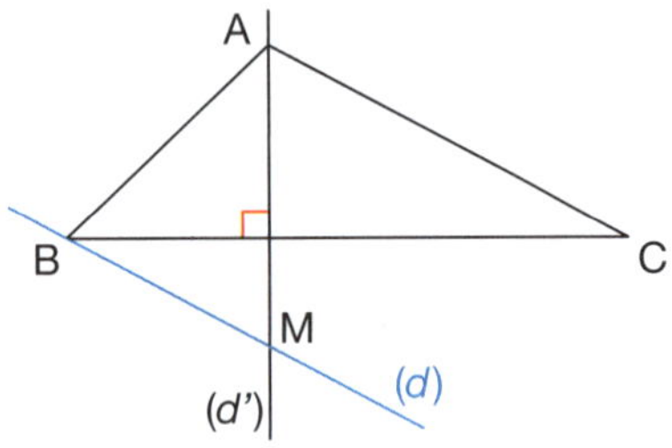

Tracer un triangle ....

....

....

....

....

....

2

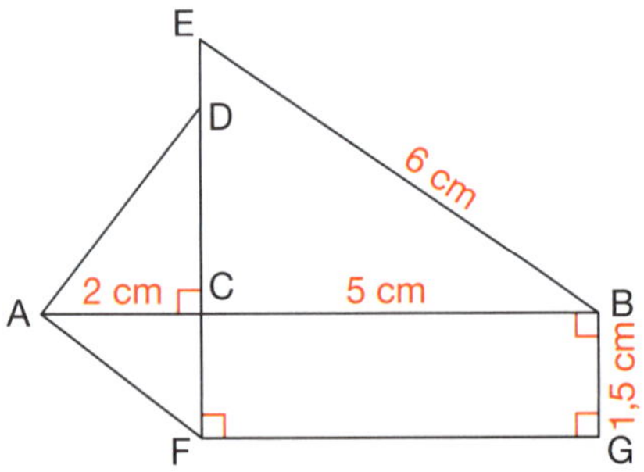

Réaliser cette figure, en tenant compte des longueurs et des codages indiqués ainsi que des données ci-dessous :
- les points A, B et C sont alignés ;
- les points E, D, C et F sont alignés ;
- AC = CD.

3 Placer les noms des sept sommets de cette figure à l'aide des informations suivantes.
- ANGE est un carré ;
- NEOL est un rectangle ;
- DEG est un triangle rectangle en E ;
- A ∈ [OL].

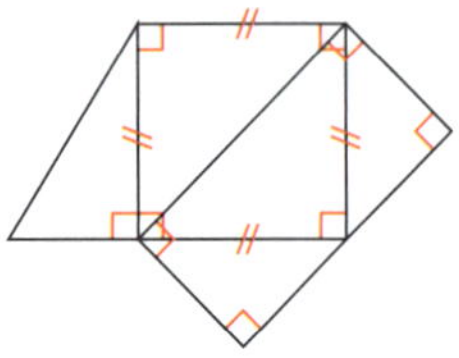

4 Ce segment [AB] a pour longueur 5 cm.

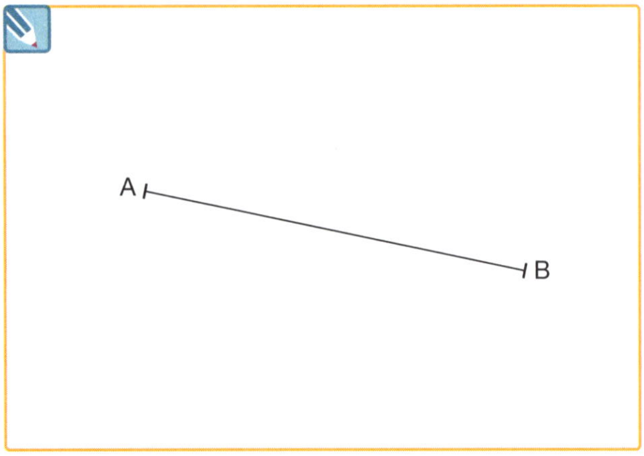

a. Tracer la droite (d_1) perpendiculaire en A à la droite (AB) et la droite (d_2) médiatrice du segment [AB].

b. Coder sur la figure les informations données dans l'énoncé.

c. Que peut-on dire des droites (d_1) et (d_2) ? Expliquer pourquoi.

....

....

....

5

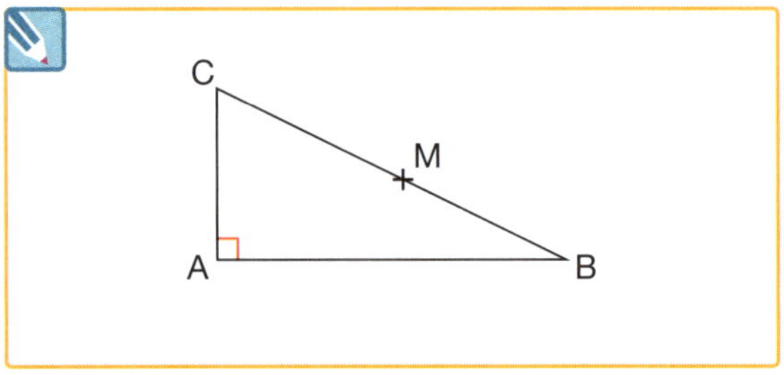

a. Tracer la droite (d) parallèle à la droite (AC) et passant par M. Elle coupe la droite (AB) en P.

b. Que peut-on dire du triangle BMP ?

....

FICHE 48

QCM et jeux

QCM

Voici un questionnaire à choix multiples.
Pour chaque question, entourer la (ou les) réponse(s) exacte(s).

Note ..... / 5

A	Sur cette figure, les droites... 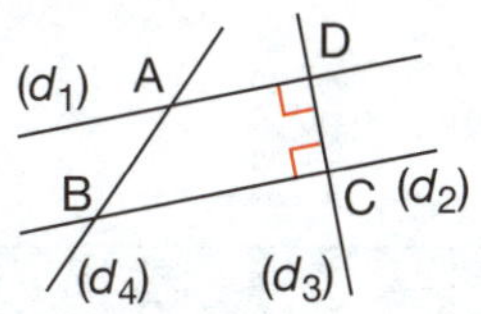	(d_1) et (d_4) sont sécantes en A	(d_2) et (d_3) sont perpendiculaires en C	(d_1) et (d_2) sont parallèles
B	Une droite (d) est la médiatrice d'un segment [AB] de milieu M. Un point E appartient à la droite (d). Donc...	$(d) \perp (AB)$	$M \in (d)$	le triangle AME est rectangle en E
C	Un triangle rectangle a ...	deux côtés perpendiculaires	trois côtés de la même longueur	un angle droit
D	ABCD est un rectangle. Donc ...	on peut aussi le nommer ADBC	[AC] est l'une de ses diagonales	le triangle ABC est rectangle en B
E	EFGH est un carré. Donc ...	le triangle EFG est rectangle en F	EF = EG	FG = GH

jeu 1

a. À vue d'œil, les lignes rouges ci-dessous semblent-elles parallèles ?

....

b. À vue d'œil, quel segment semble le plus long ?

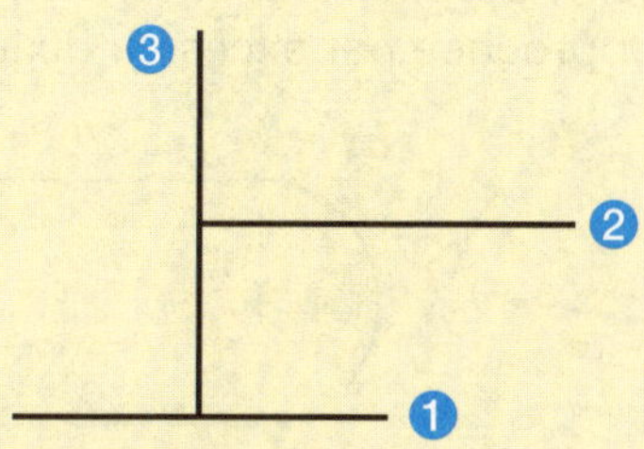

....

c. Vérifier avec les instruments de géométrie.

....

....

....

jeu 2

Quel fragment ne peut s'assembler avec un autre pour former un carré ?

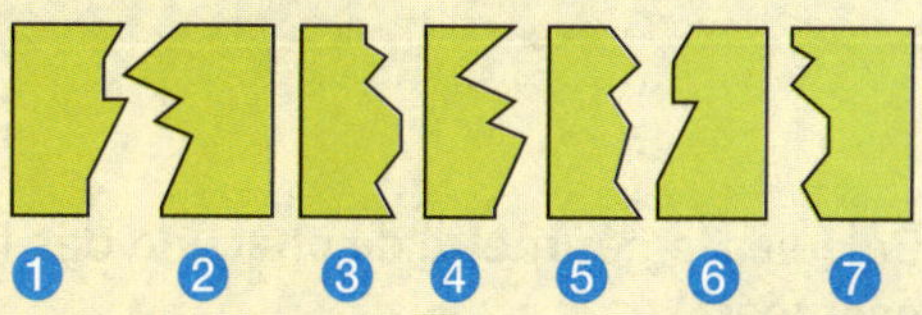

D'après *Logic Flip*

....

....

....

jeu 3

La ligne brisée bleue forme six carrés en coupant un segment [LM] de 24 cm de long.

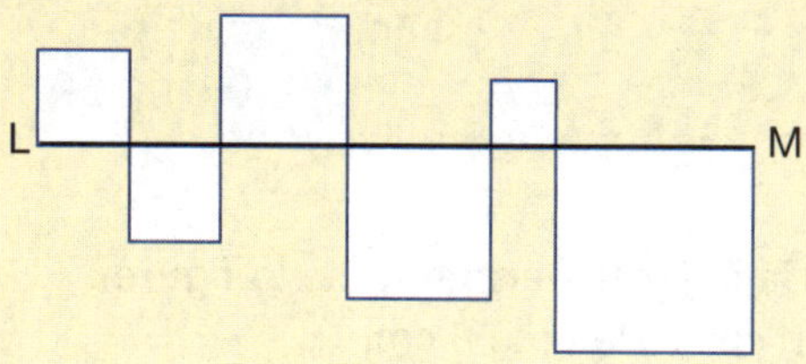

➤ Entourer la longueur de cette ligne brisée.

• 48 cm • 72 cm • 96 cm • 56 cm • 106 cm

D'après *Kangourou des mathématiques*

Chapitre 10

Périmètres et aires

CALCUL MENTAL • .... • .... • .... • .... • .... / 5

FICHE

49 Périmètre

- Le **périmètre** d'une figure est la **longueur** du contour de cette figure.
- **Formulaire**

	Carré	Rectangle	Cercle
	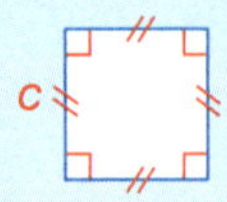	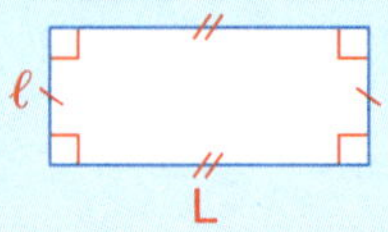	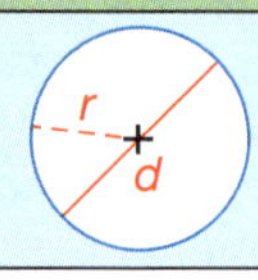
Périmètre	$4 \times c$	$2 \times (\ell + L)$ ou $(2 \times \ell) + (2 \times L)$	$\pi \times d$ ou $\pi \times 2 \times r$

★

1 Mesurer les côtés du triangle ABC, puis calculer son périmètre.

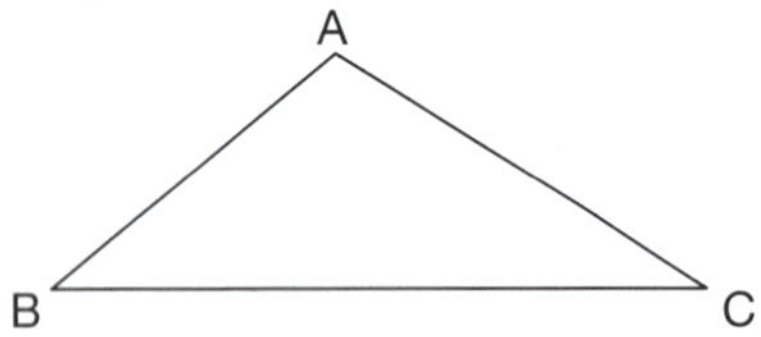

....

....

2 Calculer le périmètre de chacune des figures représentées.

a. 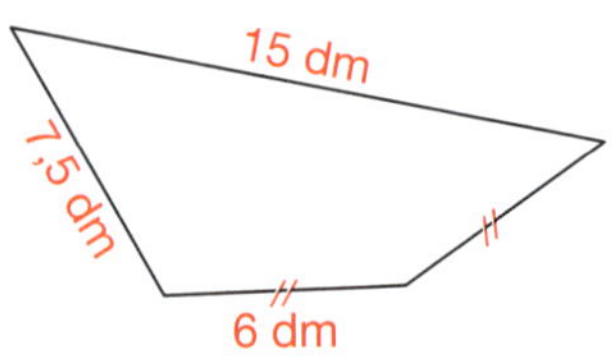

b. 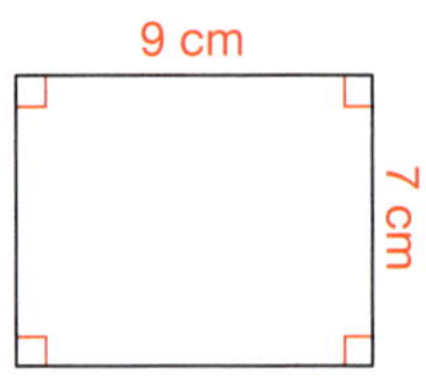

a. ....

....

b. ....

....

3 Calculer le périmètre de la figure.

a. Un carré de côté 6 cm.

....

b. Un cercle de diamètre 8 cm. Donner la valeur approchée par défaut au dixième près.

....

★★

4 Calculer la longueur de ce cercle.
Donner la valeur approchée par excès au centième près.

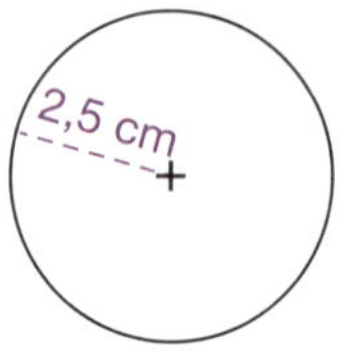

....

....

5 Calculer le périmètre de la figure représentée.

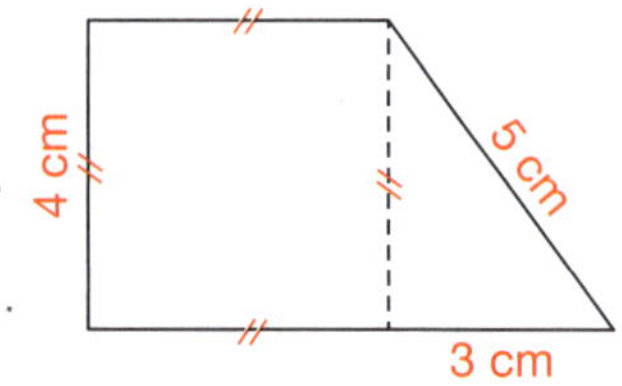

....

....

....

6 Calculer le périmètre de chaque figure. Donner la valeur approchée par excès au dixième près.

a. 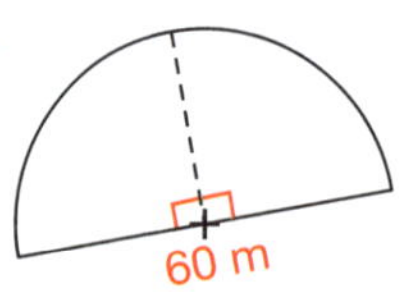

b. 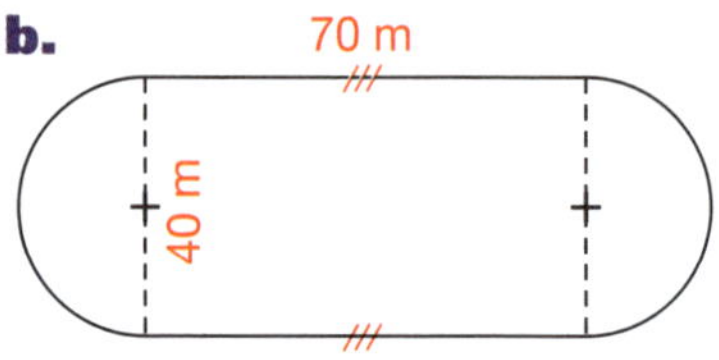

a. ....

....

....

b. ....

....

....

FICHE

50 Différencier périmètre et aire

SOCLE 6e

- Les figures 1 et 2 ont la même aire : 4 unités d'aire.
Mais ces deux figures ont des périmètres différents (10 unités de longueur et 8 unités de longueur).
- Les figures 3 et 4 n'ont pas la même aire (4 unités d'aire et 5 unités d'aire).
Mais ces deux figures ont le même périmètre : 10 unités de longueur.

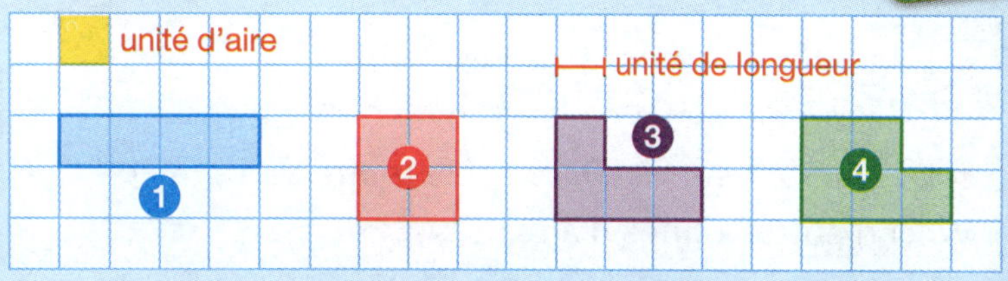

★

1 Indiquer le périmètre P et l'aire $\mathcal{A}$ de ces figures dans les unités indiquées.

1.

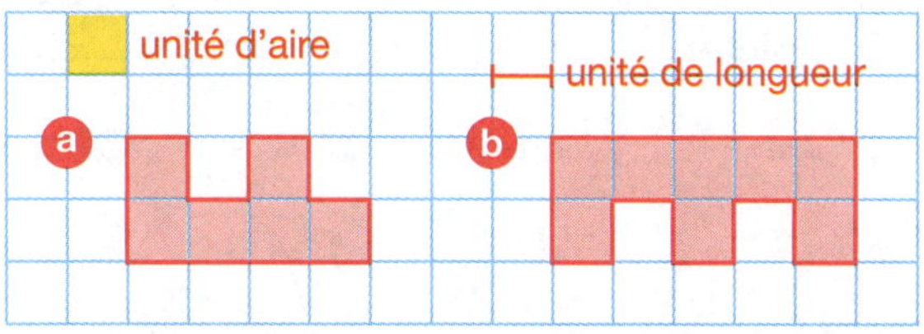

a P = ... et $\mathcal{A}$ = ... b P = ... et $\mathcal{A}$ = ...

2.

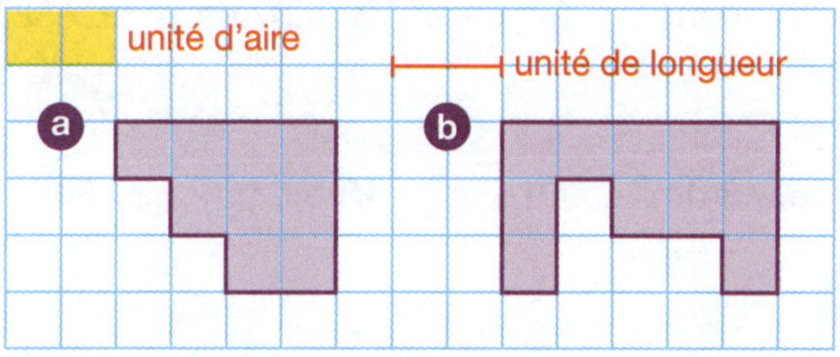

a P = ... et $\mathcal{A}$ = ... b P = ... et $\mathcal{A}$ = ...

2 Comparer les périmètres et les aires de ces figures.

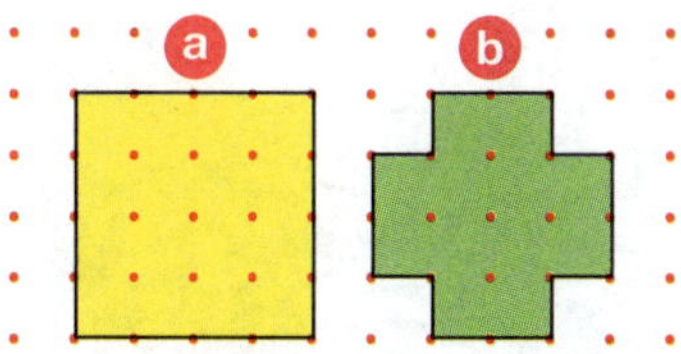

....

....

3 L'unité d'aire est celle d'un carreau. Indiquer l'aire $\mathcal{A}$ de chaque figure.

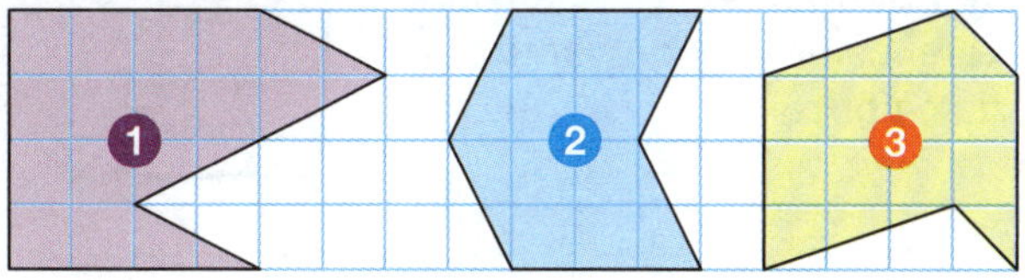

1 $\mathcal{A}$ = ... 2 $\mathcal{A}$ = ... 3 $\mathcal{A}$ = ...

★★

4 On note P_1, P_2, P_3 les périmètres de ces figures et $\mathcal{A}_1$, $\mathcal{A}_2$ et $\mathcal{A}_3$ leurs aires.

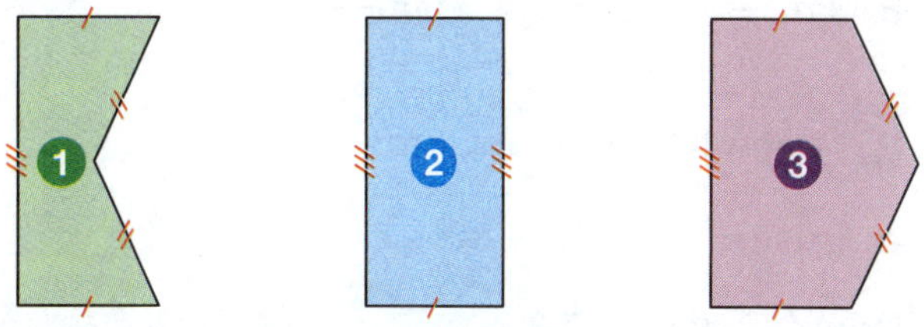

Compléter avec < ou > ou =.

a. P_1 .... P_2 **b.** P_2 .... P_3 **c.** P_1 .... P_3

d. $\mathcal{A}_1$ .... $\mathcal{A}_2$ **e.** $\mathcal{A}_2$ .... $\mathcal{A}_3$ **f.** $\mathcal{A}_1$ .... $\mathcal{A}_3$

5 L'unité d'aire est celle d'un carreau. Indiquer l'aire $\mathcal{A}$ de chaque figure.

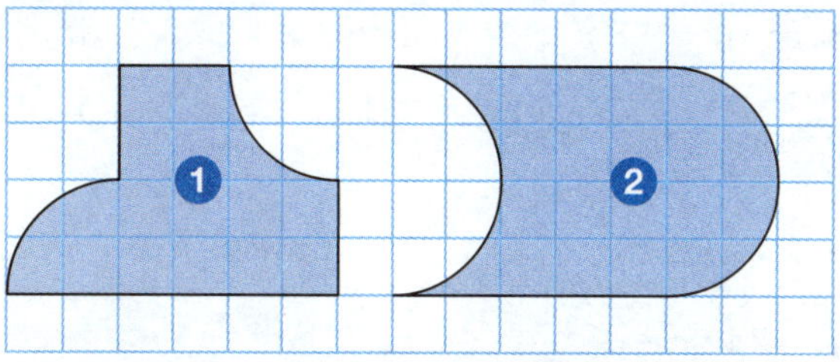

1 $\mathcal{A}$ = ... 2 $\mathcal{A}$ = ...

6 Construire une figure :

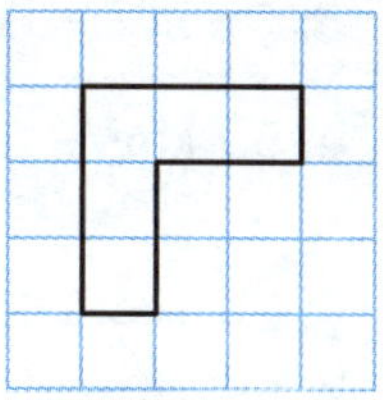

a. de même périmètre que cette figure mais d'aire plus grande ;

b. de même aire que cette figure mais de périmètre plus petit ;

c. d'aire plus grande et de périmètre plus petit.

FICHE
51 Unités d'aire

SOCLE 6e

- Le centimètre carré (cm^2) est l'aire d'un carré de côté 1 cm et 1 cm^2 = 100 mm^2.
- Une unité usuelle d'aire est le mètre carré (m^2).

Voici d'autres unités d'aire :

1 m^2 = 100 dm^2 = 10 000 cm^2 = 1 000 000 mm^2.

1 m^2 = 0,01 dam^2 = 0,000 1 hm^2 = 0,000 001 km^2.

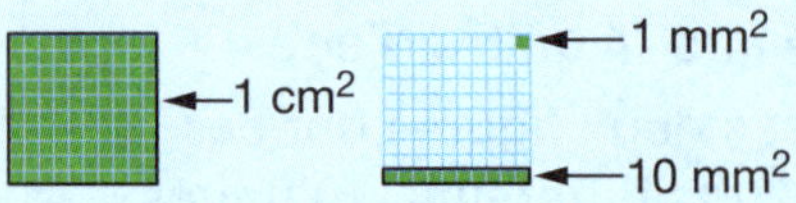

Are : 1 a = 1 dam^2 = 100 m^2

Hectare : 1 ha = 1 hm^2 = 10 000 m^2

★

1 Compléter.

a. 3 m^2 = ... dm^2 = ... cm^2

b. 3 m^2 = ... dam^2 = ... hm^2

2 Compléter pour exprimer en m^2.

a. 1 dam^2 = ... m^2.

Donc 7,3 dam^2 = 7,3 × .... m^2 = ... m^2.

b. 1 hm^2 = ... m^2.

Donc 28 hm^2 = 28 × .... m^2 = ... m^2.

3 Compléter.

a. 0,3 cm^2 = 0,3 × .... mm^2 = ... mm^2.

b. 98 m^2 = 98 × .... dm^2 = ... dm^2.

4 Compléter.

a. 2,7 mm^2 = ... cm^2

b. 0,74 dm^2 = ... cm^2

c. 567 cm^2 = ... m^2

d. 2 dam^2 = ... km^2

e. 6,7 km^2 = ... m^2

5 Un côté de carreau mesure 0,5 cm. Construire :

a. un carré d'aire 1 cm^2.

b. un rectangle d'aire 3 cm^2.

★★

6 Un côté de carreau mesure 0,5 cm. On note $\mathcal{A}$ l'aire de ce rectangle. Compléter :

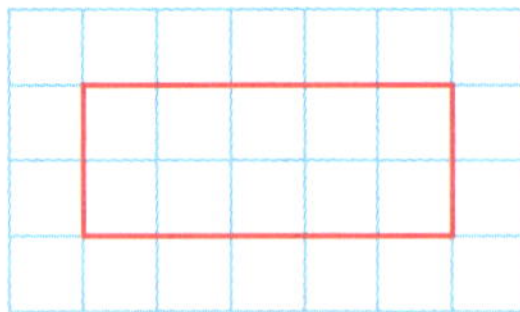

a. $\mathcal{A}$ = ... cm^2 **b.** $\mathcal{A}$ = ... mm^2

c. $\mathcal{A}$ = ... dm^2 **d.** $\mathcal{A}$ = ... m^2

7 Compléter avec < ou >.

a. 16 m^2 .... 0,2 dam^2 **b.** 0,37 dam^2 .... 380 dm^2

....

c. 43 dm^2 .... 0,5 m^2 **d.** 0,6 hm^2 .... 5 000 m^2

....

8 Ranger ces aires par ordre croissant.

750 cm^2 ; 0,21 m^2 ; 63,7 dm^2 ; 0,004 dam^2.

....

....

....

9 Compléter :

a. 75 dam^2 = ... a **b.** 380 m^2 = ... a

c. 6,7 hm^2 = ... a **d.** 73 ha = ... a

10 Carmen vend un terrain. Quel est le prix de vente de ce terrain ?

....

....

CALCUL MENTAL • .... • .... • .... • .... • .... / 5

FICHE
52 Aire des figures usuelles

Pour calculer l'aire d'une figure il faut exprimer les longueurs dans la même unité.	Carré	Rectangle	Triangle rectangle	Triangle	Disque
	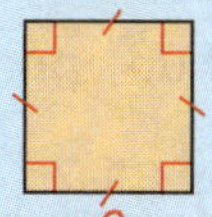	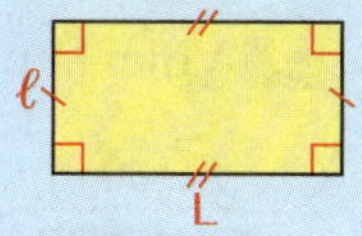	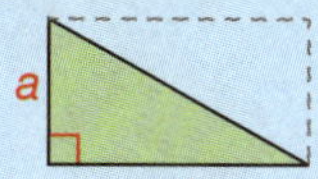	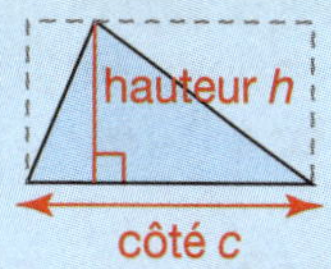	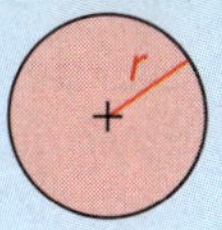
Aire	$\mathcal{A} = c \times c$	$\mathcal{A} = \ell \times L$	$\mathcal{A} = (a \times b) : 2$	$\mathcal{A} = (c \times h) : 2$	$\mathcal{A} = \pi \times r \times r$

★

1 Calculer le périmètre P et l'aire $\mathcal{A}$ de chaque figure.

a. Un carré de côté 7 cm.

b. Un rectangle de largeur 7 cm et de longueur 8 cm.

c. Le triangle rectangle représenté ci-contre.

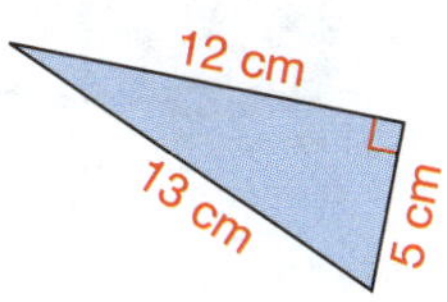

a. ....

b. ....

....

c. ....

....

2 Dans chaque cas, calculer l'aire $\mathcal{A}$ du triangle représenté.

a.

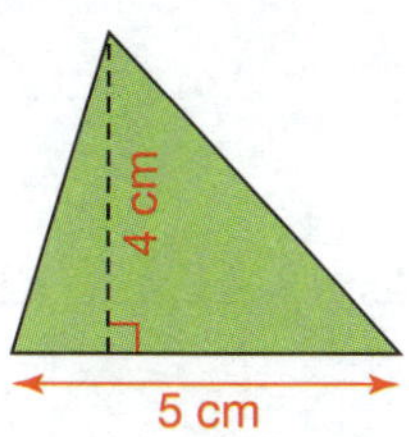

b.

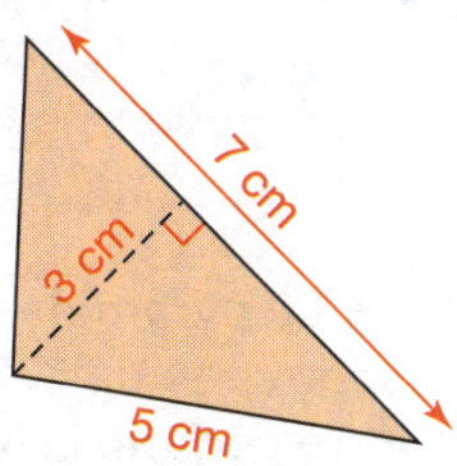

....

....

3 Écrire le calcul de l'aire $\mathcal{A}$ du disque représenté, puis avec la calculatrice en donner la valeur approchée par excès au dixième près.

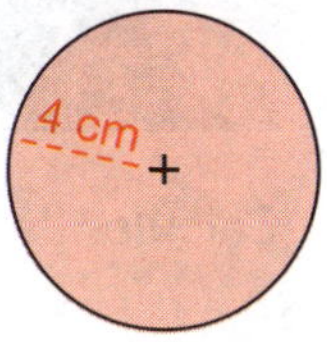

....

....

....

★★

4 Calculer l'aire $\mathcal{A}$ du triangle représenté.

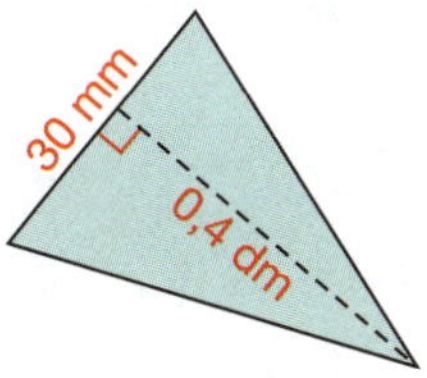

....

....

5 Calculer l'aire $\mathcal{A}$ d'un disque de diamètre 30 m. Donner la valeur approchée par défaut au dixième près.

....

....

6 Une pelouse rectangulaire entoure un bassin circulaire. Calculer la valeur approchée par excès au m² près de l'aire de la pelouse.

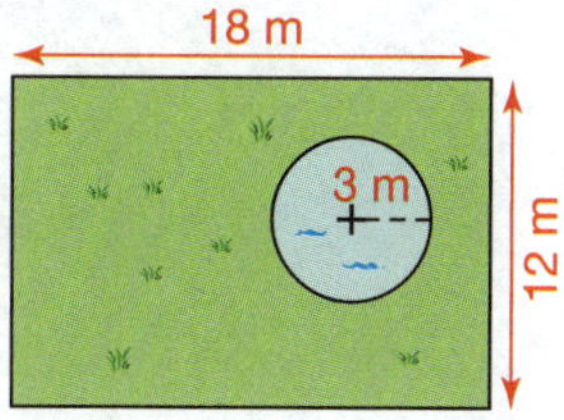

....

....

....

....

7 Avec la calculatrice, calculer la valeur approchée par défaut au cm² près de l'aire $\mathcal{A}$ de la couronne colorée en jaune.

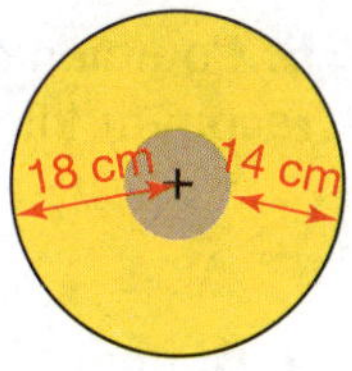

....

....

....

....

FICHE
53 Perfectionnement

★★★

1 Voici des informations sur la tour Montparnasse à Paris.
- Hauteur : 210 m.
- Nombre d'étages : 59.
- Aire moyenne d'un étage : 17 dam².

Est-il vrai que l'aire totale des 59 étages représente plus de 14 terrains de football de dimensions 68 m sur 100 m ?

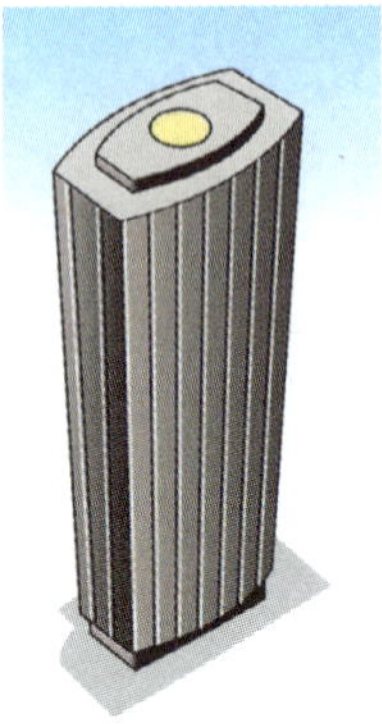

....

....

....

....

....

2 Voici une carte de l'île de la Réunion.

a. Combien de carreaux sont entièrement contenus dans l'île de la Réunion ?

....

b. Combien de carreaux faut-il au minimum pour recouvrir l'île de la Réunion ?

....

c. Donner alors un encadrement de l'aire en km² de cette île.

....

....

....

3 Voici le plan d'un appartement.

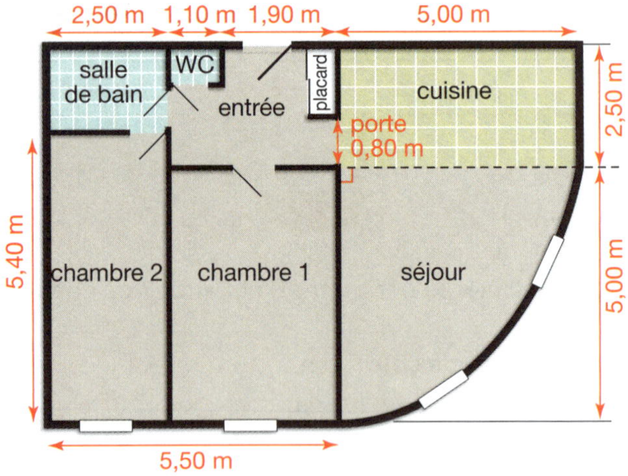

Calculer :

a. l'aire de chacune des chambres,

b. l'aire du séjour (c'est un quart de disque).

a. ....

....

....

....

b. ....

....

4 La pyramide du Louvre est recouverte de 673 losanges en verre comme celui ci-contre.

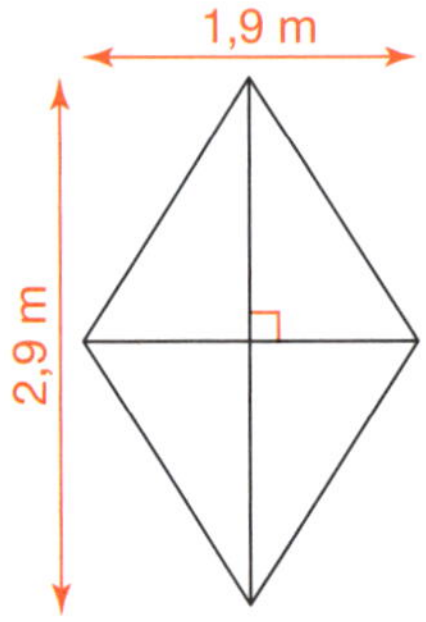

Calculer l'aire totale de ces 673 losanges.

....

....

....

....

FICHE **54** **QCM et jeux**

QCM **Voici un questionnaire à choix multiples.**
Pour chaque question, entourer la (ou les) réponse(s) exacte(s).

Note ….. / 5

A	Ces deux figures ont… 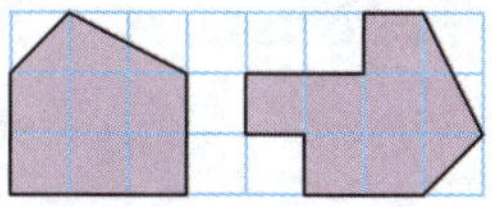	le même périmètre mais des aires différentes	la même aire mais des périmètres différents	le même périmètre et la même aire
B	23,4 m^2 est égal à…	2 340 dm^2	2 340 cm^2	0,002 34 hm^2
C	L'aire de ce triangle rectangle est… 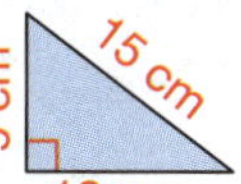 15 cm, 9 cm, 12 cm	54 cm^2	36 cm^2	108 cm^2
D	Une figure qui a pour aire 28 m^2 est…	un carré de côté 7 cm	un tel triangle 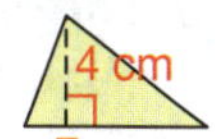 4 cm, 7 cm	un rectangle de dimensions 14 cm sur 2 cm
E	L'aire d'un disque de diamètre 10 cm est…	$\pi \times 10$ cm^2	$\pi \times 25$ cm^2	$\pi \times 100$ cm^2

jeu 1

Peut-on recouvrir le rectangle avec les 7 autres pièces ?

D'après *Rallye Mathématique de la Sarthe*

jeu 2

Laquelle de ces figures a l'aire la plus grande ?

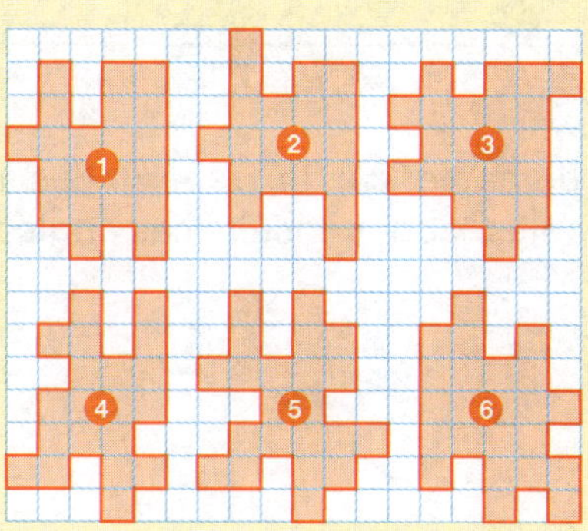

D'après *Concours Logic'Flip*

…………………………………………………………
…………………………………………………………
…………………………………………………………

jeu 3

Ce plan représente le jardin rectangulaire de la famille Prévert.
Le jardin a une superficie totale de 30 m^2 et se divise en trois rectangles.
Le rectangle des fleurs a un côté qui mesure 2 m et sa superficie est 10 m^2. Le rectangle des fraises a un côté qui mesure 3 m.

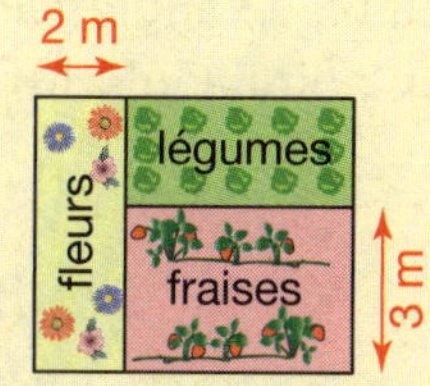

➤ Quelle est l'aire du rectangle où sont plantés des légumes ?

D'après *Kangourou des Mathématiques*

…………………………………………………………
…………………………………………………………
…………………………………………………………
…………………………………………………………
…………………………………………………………
…………………………………………………………
…………………………………………………………

jeu 4

Partager ce terrain en quatre parcelles ayant la même aire et la même forme.

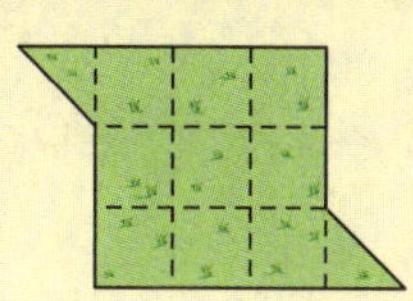

D'après *Championnat des Jeux Mathématiques et logiques*

Chapitre 11

Angles

CALCUL MENTAL • .... • .... • .... • .... • .... / 5

FICHE

55 Notation et comparaison

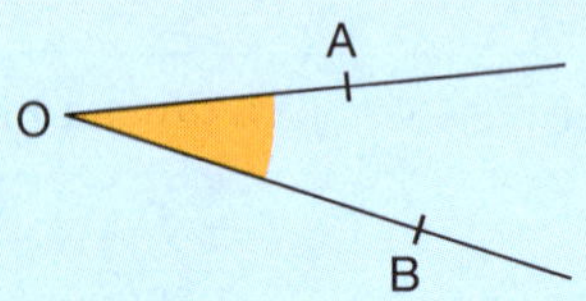

L'angle $\widehat{AOB}$ a pour **sommet** le point O et pour **côtés** les demi-droites [OA) et [OB).

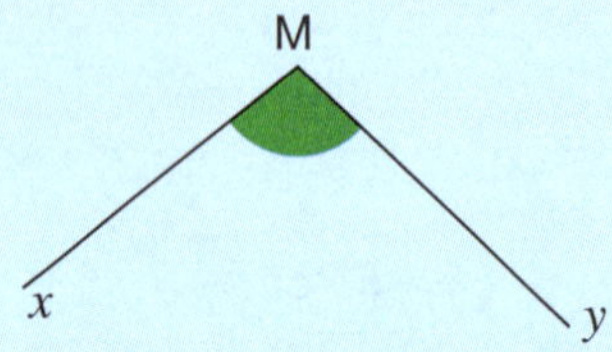

L'angle $\widehat{xMy}$ a pour **sommet** le point M et pour **côtés** les demi-droites [Mx) et [My).

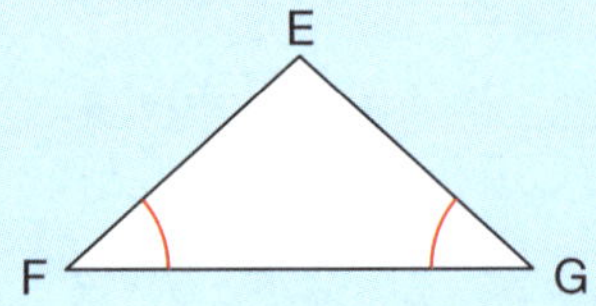

Ces codages indiquent que les angles $\widehat{EFG}$ et $\widehat{EGF}$ sont **superposables**.

★

1 Sur la figure ci-dessous, marquer : en bleu l'angle $\widehat{OPN}$; en vert l'angle $\widehat{PON}$; en noir l'angle $\widehat{MON}$; en rouge l'angle $\widehat{PMO}$.

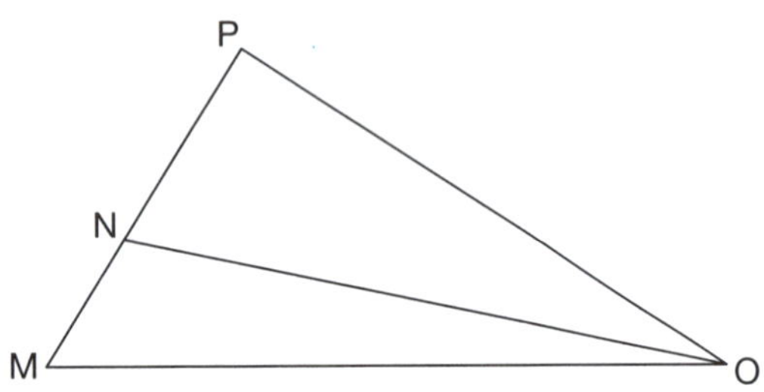

2 Sur la figure ci-dessous, marquer : en bleu l'angle $\widehat{xAt}$; en vert l'angle $\widehat{xAy}$; en noir l'angle $\widehat{yAt'}$; en rouge l'angle $\widehat{x'Ay'}$.

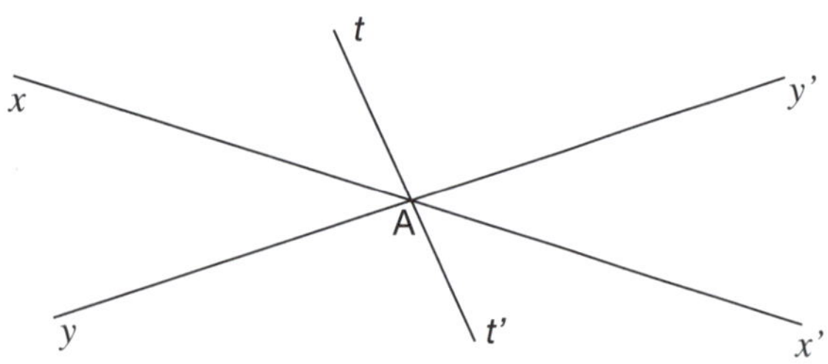

3 Tracer l'angle $\widehat{CAB}$.

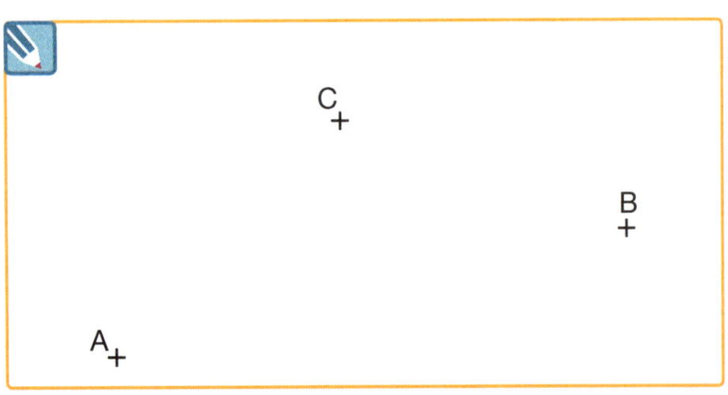

★★

4 Compléter le tableau ci-dessous en observant les figures.

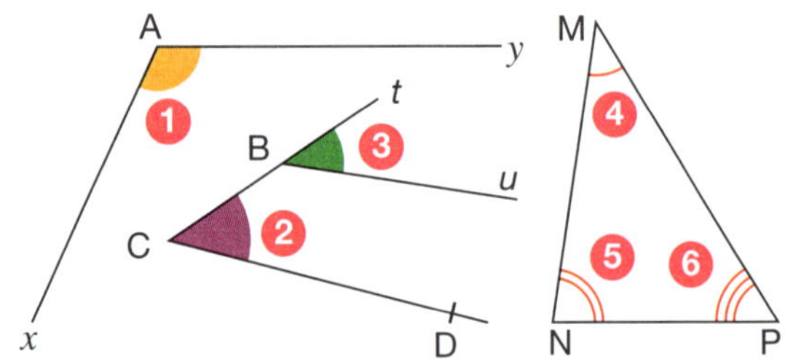

Angle	Notation	Sommet	Côtés
1	....	....	....
2	....	....	....
3	....	....	....
4	....	....	....
5	....	....	....
6	....	....	....

5 Avec du papier calque, repérer des angles superposables. Coder ensuite ces angles.

FICHE

56 Mesure d'un angle

L'unité d'angle est **le degré** (°).
Un angle se mesure avec un **rapporteur**.

$\widehat{AOB} = 60°$

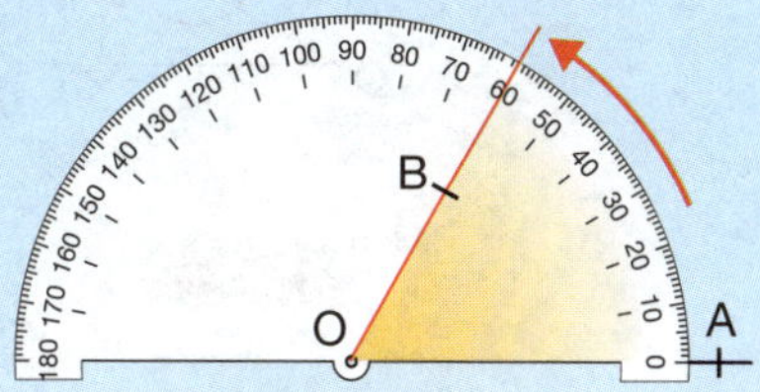

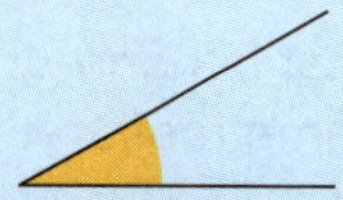

Un **angle aigu** mesure entre 0° et 90°.

Un **angle obtus** mesure entre 90° et 180°.

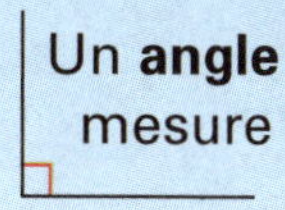

Un **angle droit** mesure 90°.

Un **angle plat** mesure 180°.

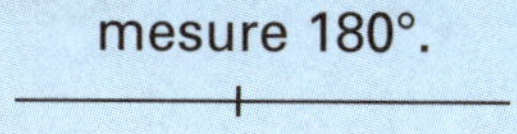

★

1 Entourer la mesure correcte de l'angle dessiné (sans utiliser le rapporteur).

a. • 15° • 45° • 65° • 145°

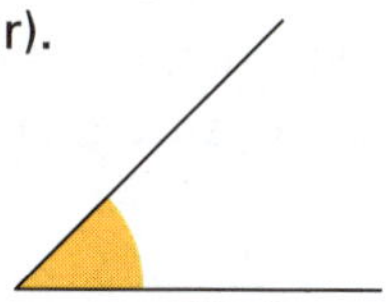

b. • 20° • 100° • 160° • 180°

2 Dans chaque cas, dire pourquoi la mesure de l'angle n'est pas correcte.

a. « Cet angle $\widehat{AOB}$ mesure 50° ».

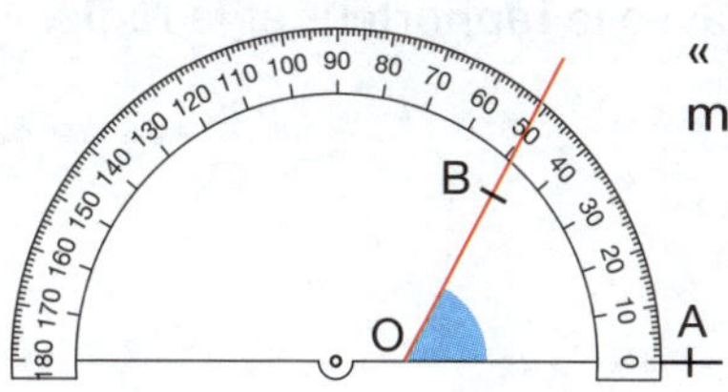

....

....

b. « Cet angle $\widehat{xMy}$ mesure 120° ».

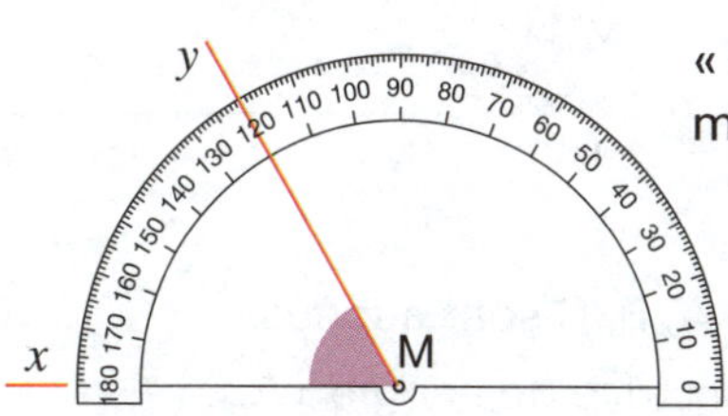

....

....

c. « Cet angle $\widehat{JIK}$ mesure 110° ».

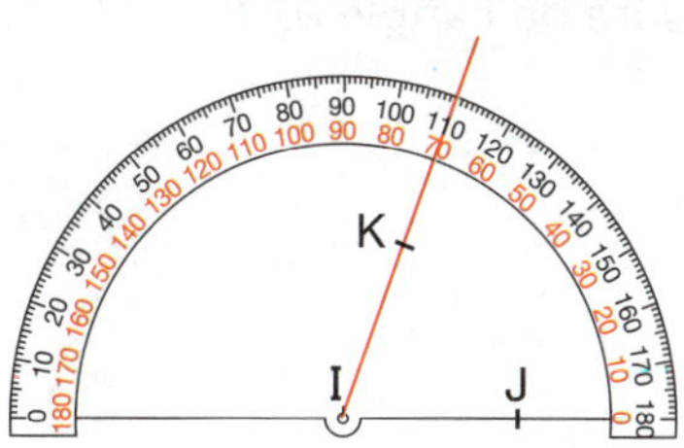

....

....

★★

3 Mesurer chaque angle avec un rapporteur et compléter le tableau.

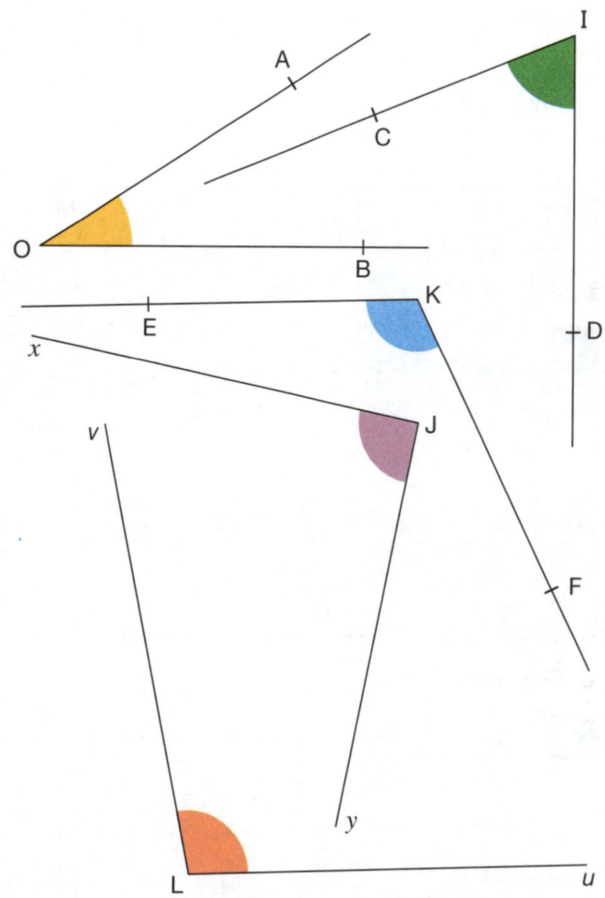

Nom de l'angle	Mesure de l'angle	Nature de l'angle
....	....	....
....	....	....
....	....	....
....	....	....
....	....	....

FICHE
57 Construction d'un angle. Bissectrice

La bissectrice d'un angle $\widehat{AOB}$ est la **demi-droite** [Ox) qui partage cet angle en deux angles de même mesure.

$$\widehat{AOx} = \widehat{xOB}$$

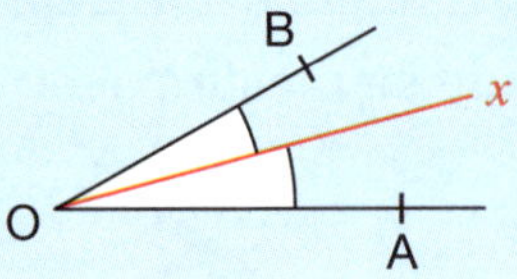

★

1 Compléter la figure de façon à obtenir un angle de la mesure donnée.
Conseil : bien repérer le sommet de l'angle.

a. $\widehat{MAT} = 25°$

b. $\widehat{PUB} = 100°$

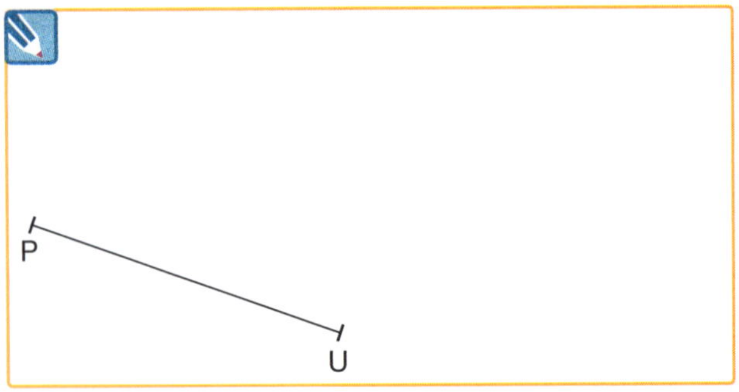

c. $\widehat{FER} = 85°$

d. $\widehat{LOI} = 160°$

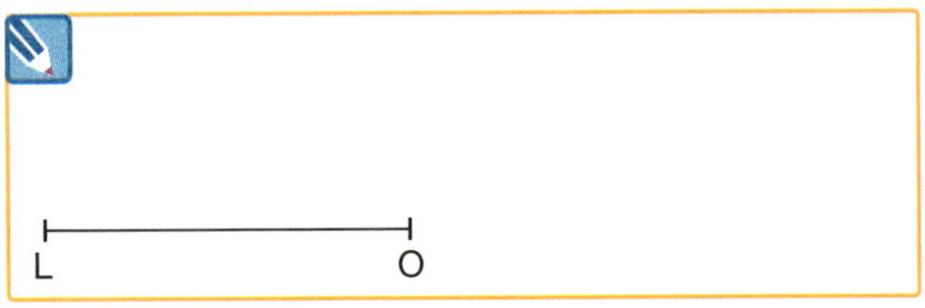

★★

2 Cet angle $\widehat{xOy}$ mesure 60°.

a. Tracer à main levée et au crayon de papier, la bissectrice [Ot) de cet angle.

b. Quelle doit être la mesure de l'angle $\widehat{xOt}$?

....

c. Construire précisément cette bissectrice [Ot).

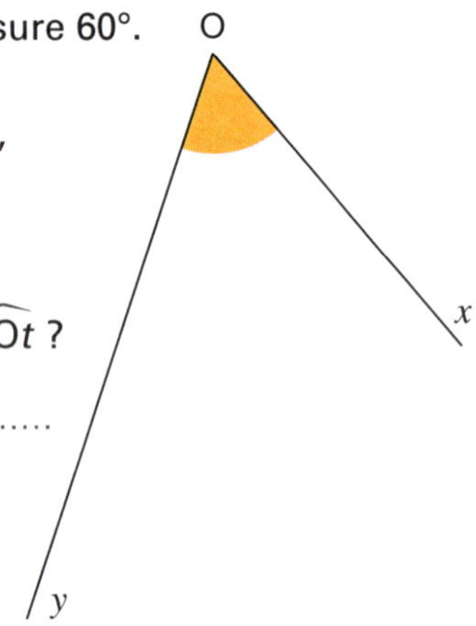

3 Mesurer l'angle $\widehat{uIv}$, puis tracer sa bissectrice avec le rapporteur et la règle.

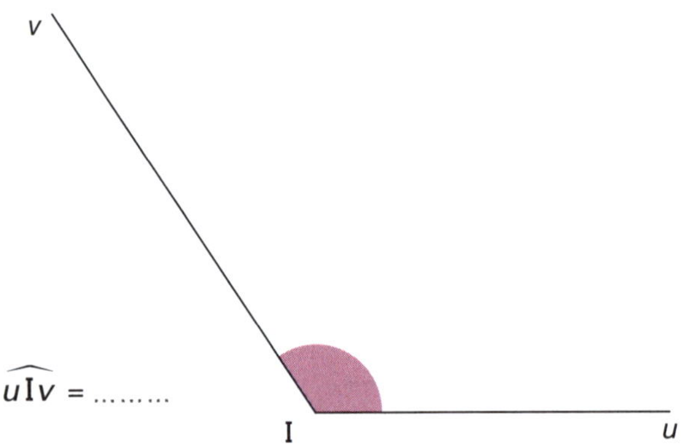

$\widehat{uIv}$ = ...

4 Les points A, B, C sont alignés.
[At) est la bissectrice de l'angle $\widehat{xAc}$.
[Au) est la bissectrice de l'angle $\widehat{xAB}$.

a. Coder les angles de même mesure.

b. Calculer la mesure de l'angle $\widehat{uAt}$.

....

....

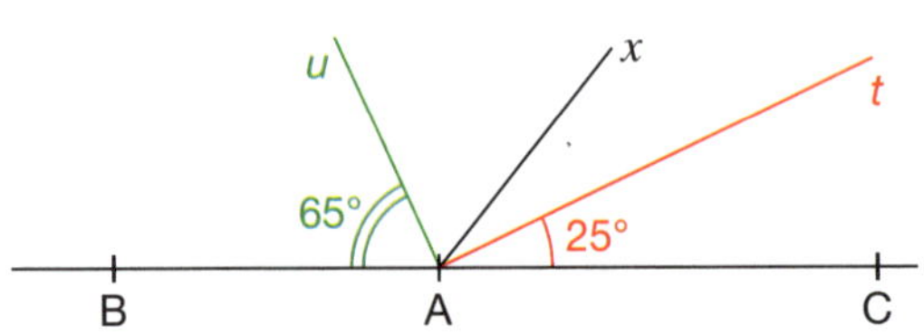

FICHE

58 Perfectionnement

★★★

1 Dans chaque cas, mesurer l'angle indiqué.
Conseil : prolonger certains côtés si utile.

a.

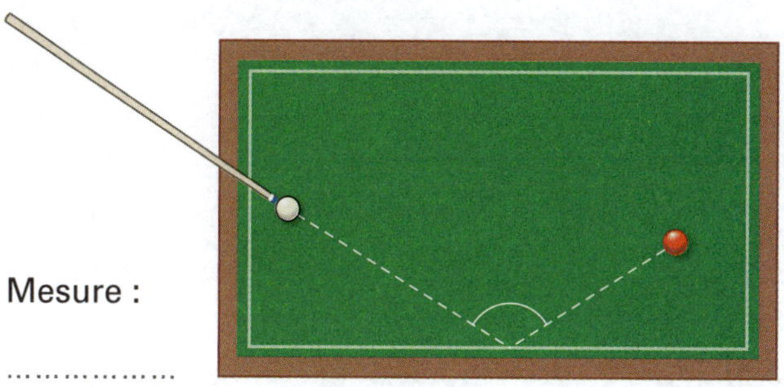

Mesure :

....

b.

Mesure : ....

c.

Mesure : ....

2 Lors d'un match de rugby une équipe vient de marquer un essai.
En quel point A, B ou C vaut-il mieux qu'un joueur se place pour transformer l'essai ?
(c'est-à-dire avoir le plus grand angle de tir ?)

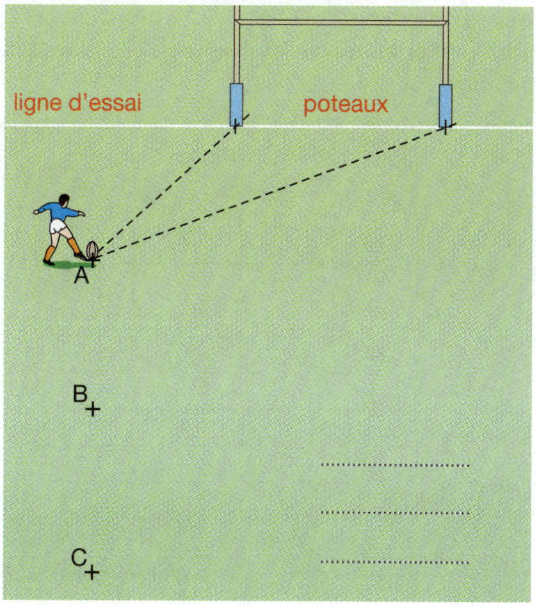

....

....

....

3 La Grande Ourse est la 3e constellation du ciel par son étendue. Elle est reconnaissable par sa forme de casserole que composent ses 7 étoiles les plus brillantes.
Voici des indications pour réaliser un plan de cette constellation.

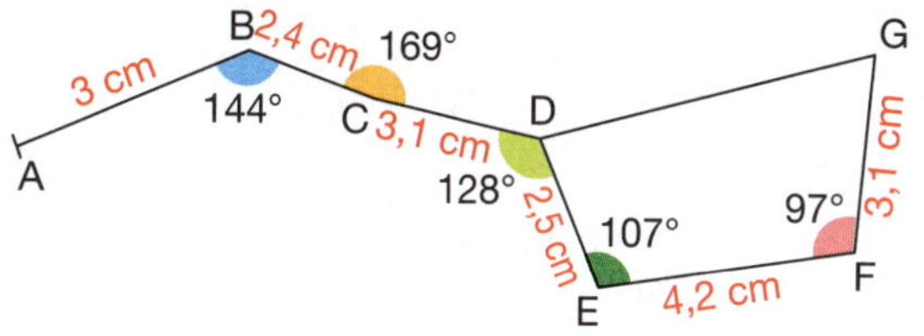

a. Compléter ci-dessous la construction de ce plan en vraie grandeur.

b. Compléter :

• $\widehat{EDG}$ = ... • $\widehat{DGF}$ = ...

59 QCM et jeux

QCM **Voici un questionnaire à choix multiples.**
Pour chaque question, entourer la (ou les) réponse(s) exacte(s).

Note ..... / 5

A	L'angle marqué ci-contre est noté… 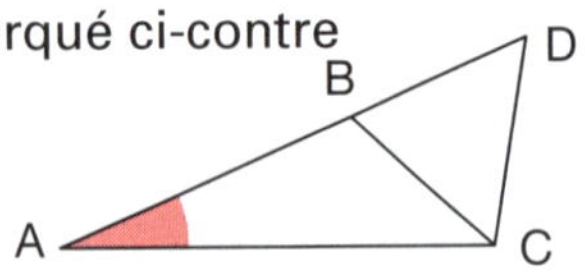	$\widehat{CAD}$	$\widehat{BAC}$	$\widehat{BCA}$
B	L'angle $\widehat{AOC}$ ci-contre est un angle… 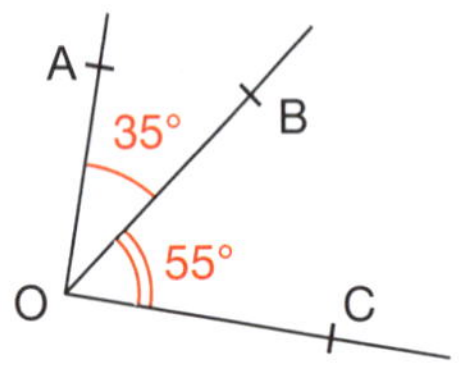	aigu	obtus	droit
C	La demi-droite [MI) est la bissectrice de l'angle $\widehat{NMP}$. Alors… 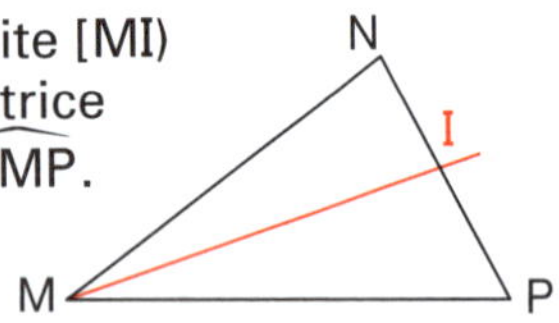	la mesure de $\widehat{NMP}$ est le double de la mesure de $\widehat{IMP}$	IN = IP	$\widehat{NMI} = \widehat{IMP}$
D	La demi-droite [Oz) est la bissectrice de l'angle $\widehat{xOy}$. Alors… 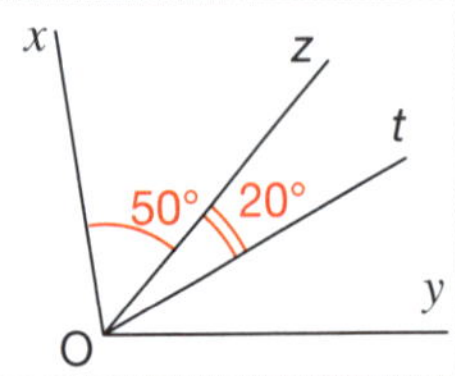	$\widehat{yOt} = 20°$	$\widehat{yOt} = 30°$	$\widehat{yOt} = 25°$
E	$\widehat{RST} = 180°$. On peut affirmer que…	R appartient à la droite (ST)	R, S, T sont alignés	l'angle $\widehat{RST}$ est plat

jeu 1

a. Décalquer en six exemplaires chacune de ces deux pièces. Les découper.

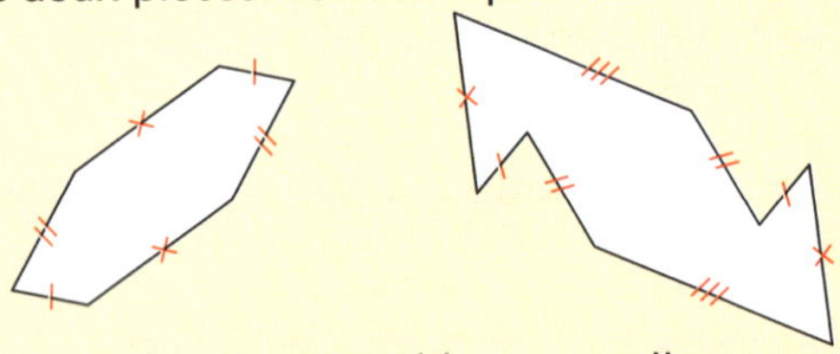

b. Vérifier qu'en les assemblant par collage, on pourrait recouvrir la feuille si l'on en avait un nombre suffisant.

jeu 2

Chaque triangle ◸ ou ◹ ou … représente un miroir ; il renvoie la lumière qu'il reçoit à angle droit.

Par exemple :

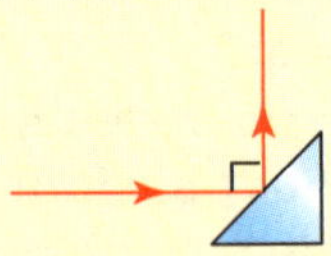

Dans quelle case de la ligne colorée en jaune faut-il placer le miroir ◿ pour éclairer la souris blanche à l'autre extrémité ?

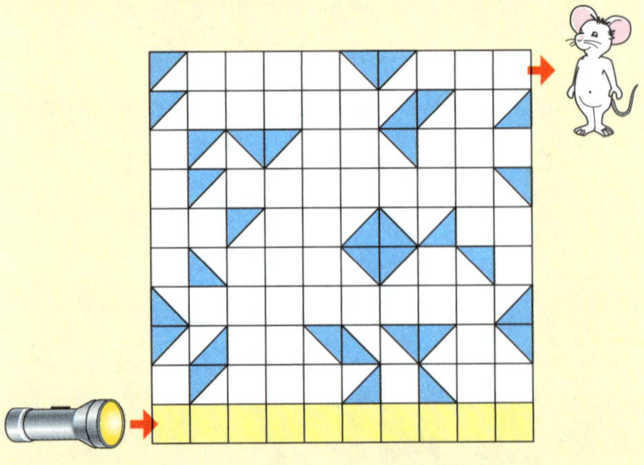

D'après *Renlô Sublett*

Symétrie axiale

Chapitre 12

CALCUL MENTAL ● .... ● .... ● .... ● .... ● .... / 5

FICHE

60 Figures symétriques. Axes de symétrie

SOCLE 6e

● Ces deux figures se superposent par pliage autour de la droite (*d*). On dit qu'elles sont **symétriques** par rapport à la droite (*d*).

● La symétrie par rapport à une droite, conserve : les longueurs, l'alignement, les angles, les aires.

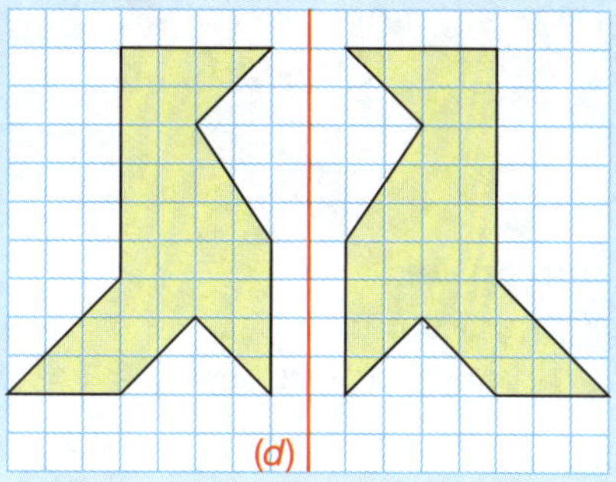

● Cette figure coïncide avec sa symétrique par rapport à la droite rouge.

Cette droite est **un axe de symétrie** de cette figure.

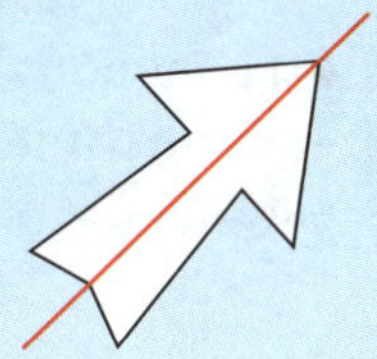

★

1 Tracer la symétrique de chaque figure par rapport à la droite (*d*).

a.

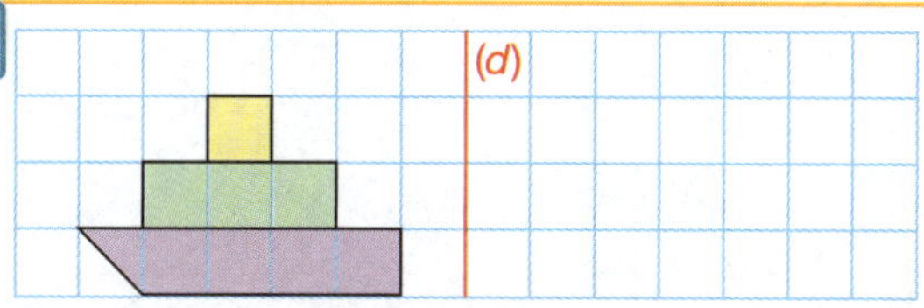

b.

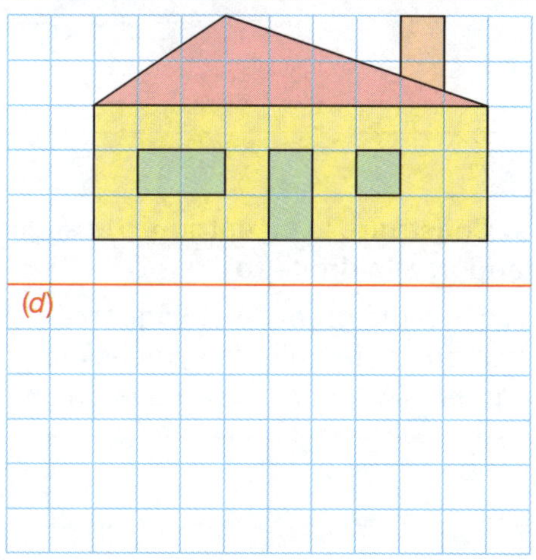

c.

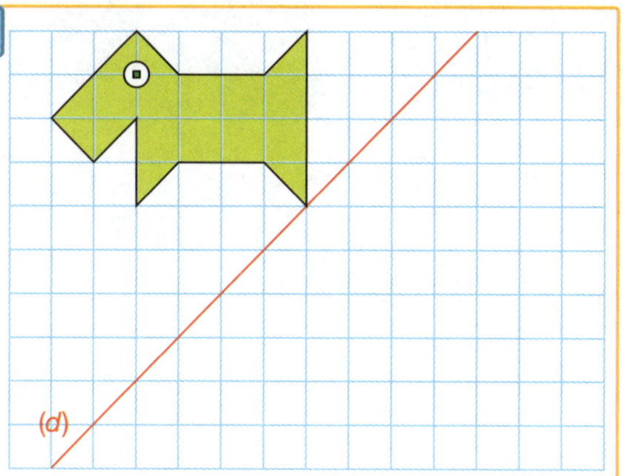

★★

2 Tracer la symétrique de cette figure par rapport à la droite (*d*).

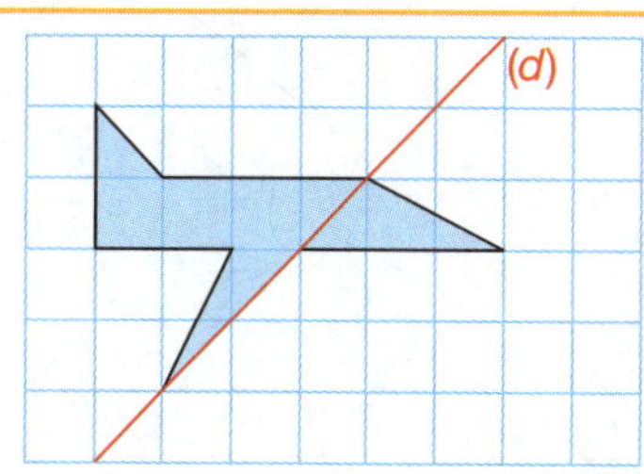

3 Tracer en rouge tous les axes de symétrie de chacune des figures.

a.

b.

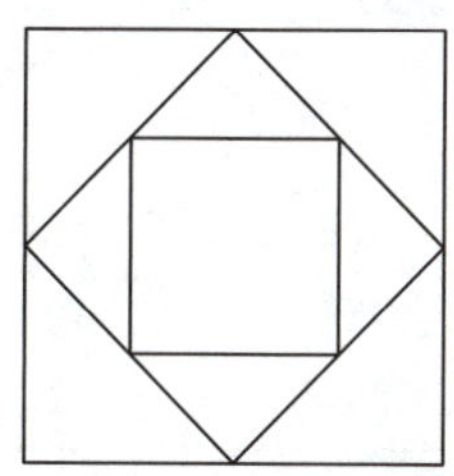

4 Imaginer que l'on construise le symétrique de ce carré par rapport à une droite (*d*).
Quelle figure obtiendra-t-on ?
Quel sera son périmètre ?
Quelle sera son aire ?

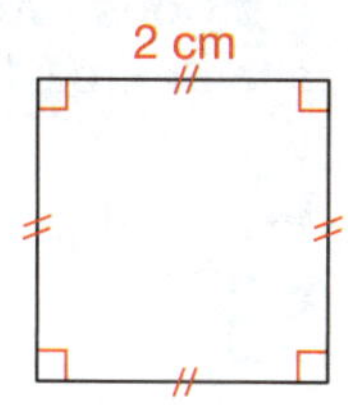

....

....

....

FICHE

61 Symétriques de figures usuelles

SOCLE 6e

- Construction du symétrique A' d'un point A par rapport à une droite (*d*).

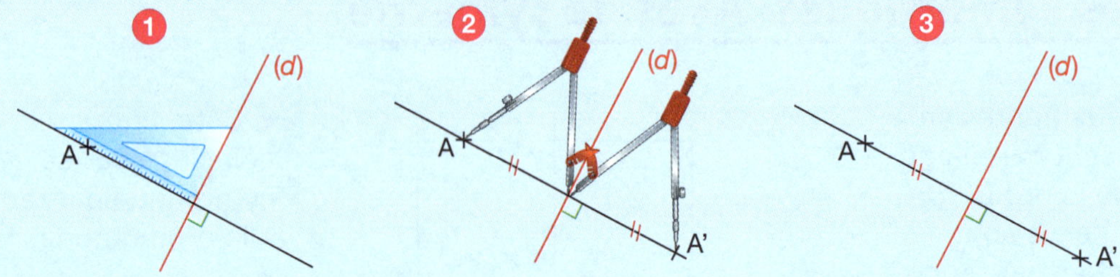

- Le symétrique par rapport à une droite :

– d'une droite est une droite.

– d'un segment est un segment de même longueur.

– d'un cercle est un cercle de même rayon.

★

1 Avec les instruments de géométrie, construire les symétriques M', N' et P' des points M, N et P par rapport à la droite (*d*).

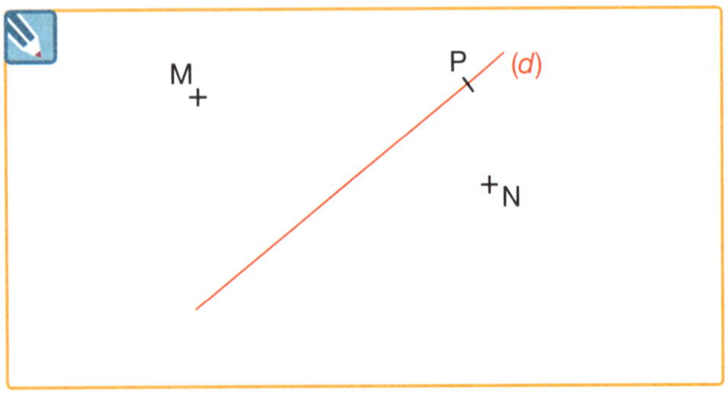

2 Construire la symétrique de la droite (AB) par rapport à la droite (*d*).

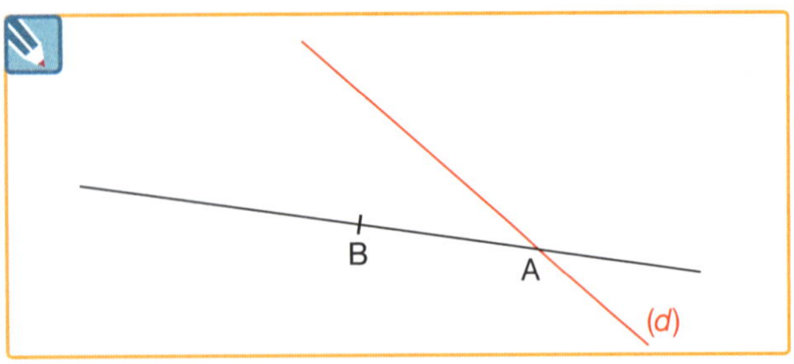

3 Construire le symétrique par rapport à la droite (*d*) :

a. du segment [OA],

b. du cercle de centre O qui passe par A.

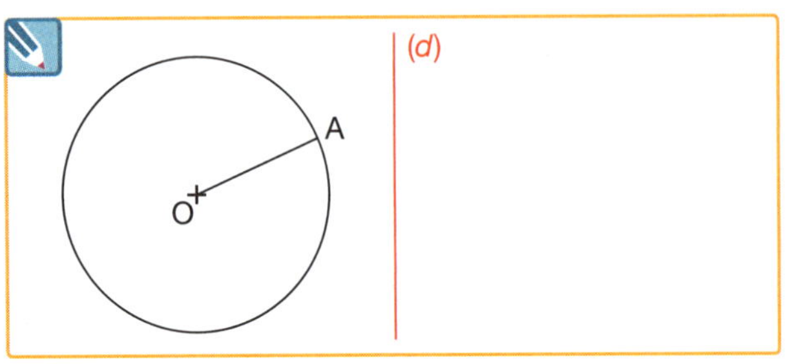

★★

4 Construire la symétrique de la droite (Δ) (lire « delta ») par rapport à la droite (*d*).

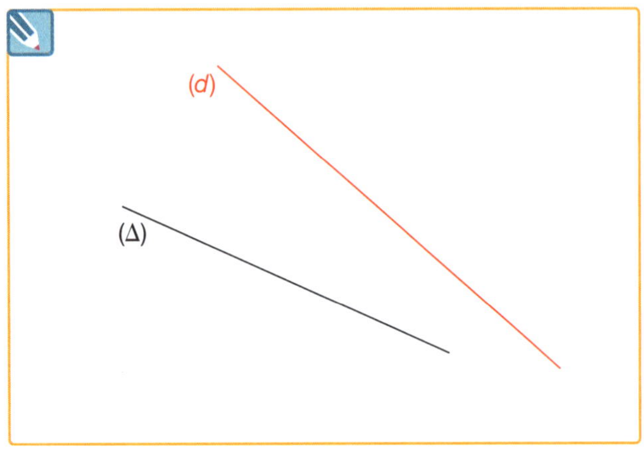

5 **a.** Construire le symétrique du segment [AB] par rapport à la droite (*d*).

b. Avec la règle graduée et l'équerre uniquement, construire le symétrique du segment [AC] par rapport à la droite (*d*).

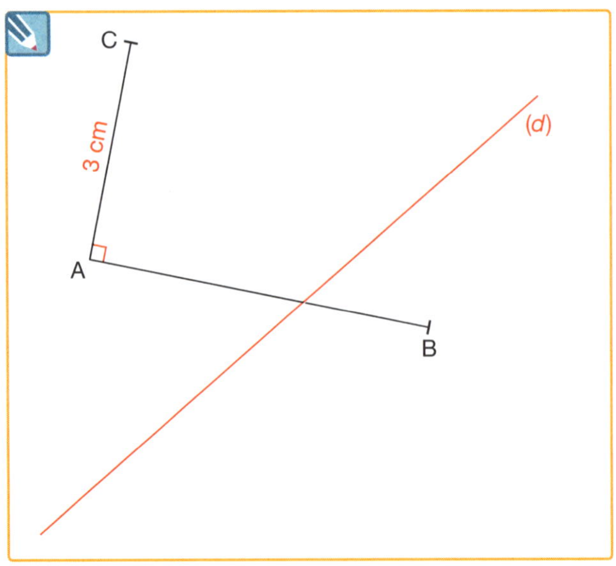

FICHE

62 Symétrique d'une figure plus complexe

SOCLE 6e

★

1 Construire la symétrique de chaque figure par rapport à la droite (*d*).
Laisser apparents les traits de construction.

a.

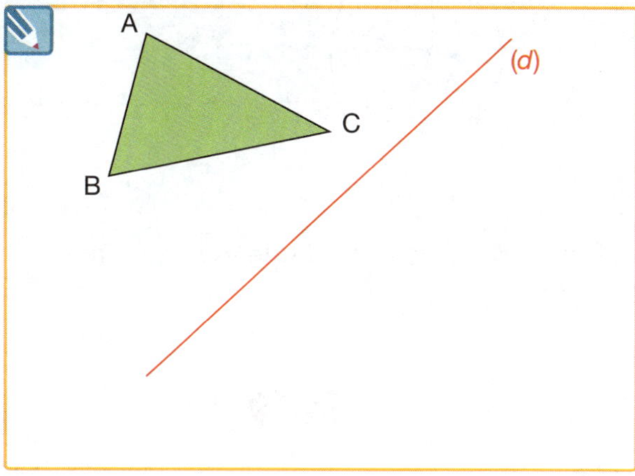

b.

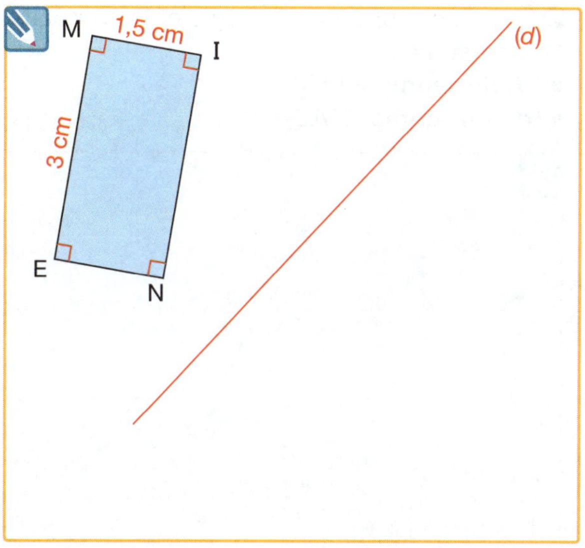

c. Le demi-cercle tracé a pour diamètre le côté [SA].

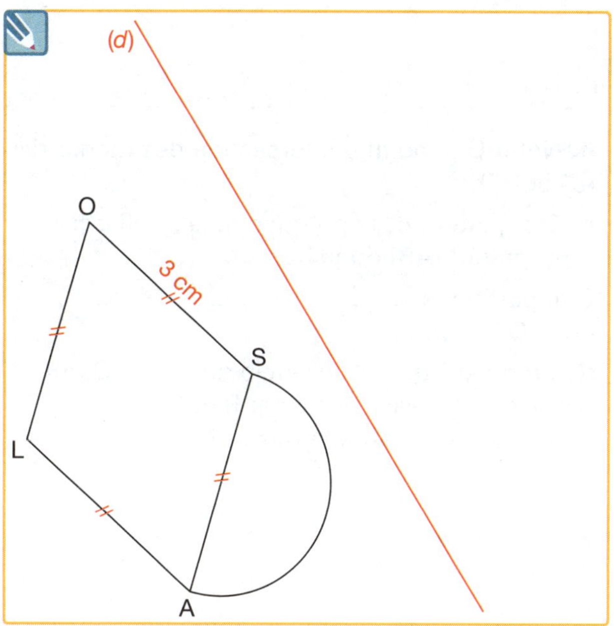

★★

2 Construire le symétrique de ce triangle par rapport à la droite (*d*).

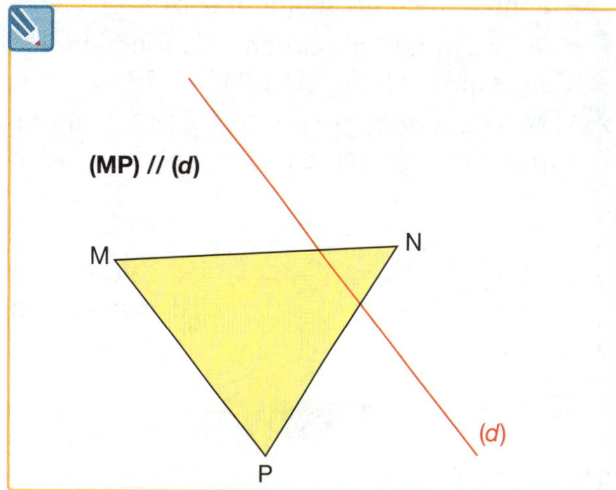

3 Construire le symétrique du rectangle RECT par rapport à la droite (AB).

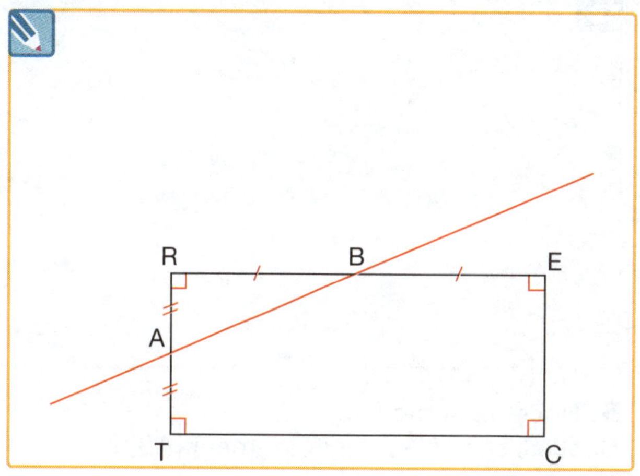

4 Les points A, B, C sont alignés sur une droite perpendiculaire à la droite (*d*).
Les trois demi-cercles tracés ont pour diamètres [AB], [BC] et [AC].
Construire la symétrique de la figure bleue par rapport à la droite (*d*).

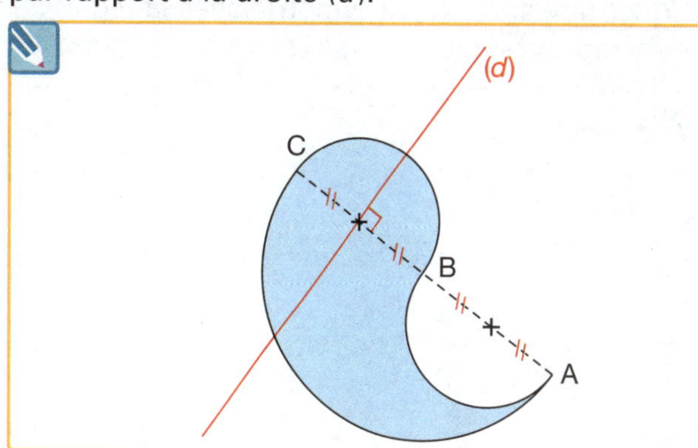

FICHE

63 Axes de symétrie d'un segment, d'un angle…

- Un segment [AB] (avec A et B distincts) admet deux axes de symétrie :
  – la droite (AB) elle-même,
  – la médiatrice du segment [AB].
- Si un point M appartient à la médiatrice d'un segment [AB], alors MA = MB.
  Si M est un point tel que MA = MB, alors M appartient à la médiatrice du segment [AB].

Construction de la médiatrice de [AB] à la règle et au compas

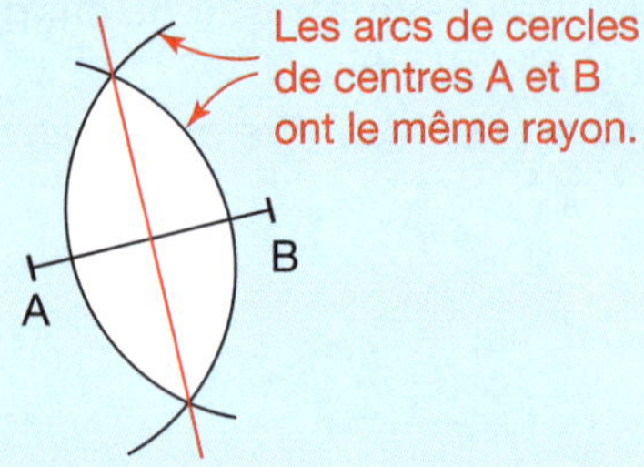

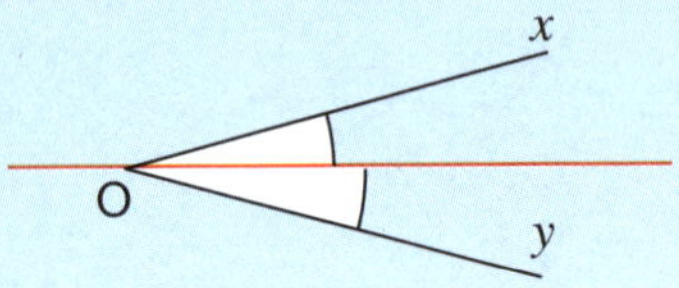

- La droite qui porte la bissectrice d'un angle $\widehat{xOy}$ est l'axe de symétrie de cet angle.

★

1 **a.** Tracer deux arcs de cercle de même rayon, de centres A et B qui se coupent en deux points. Noter I et J ces deux points.

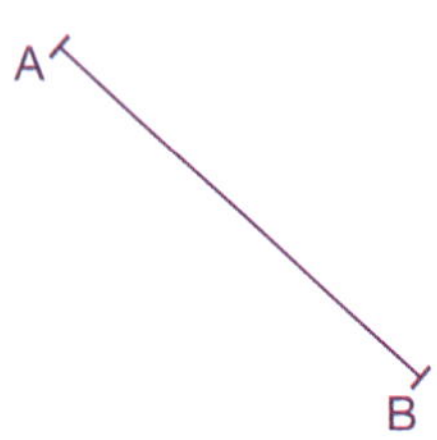

b. Tracer la droite (IJ).
Quel est son rôle pour le segment [AB] ?

....

c. Sans autre construction, placer le milieu K du segment [AB].

2 Cet angle $\widehat{xOy}$ mesure 140°.
Construire son axe de symétrie avec la règle et le rapporteur.

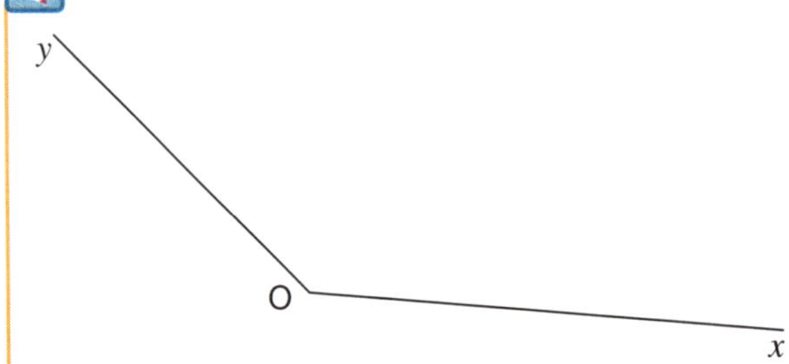

★★

3 **a.** Construire avec la règle et le compas la médiatrice :
- (*d*) du segment [AB],
- (*d'*) du segment [AC].

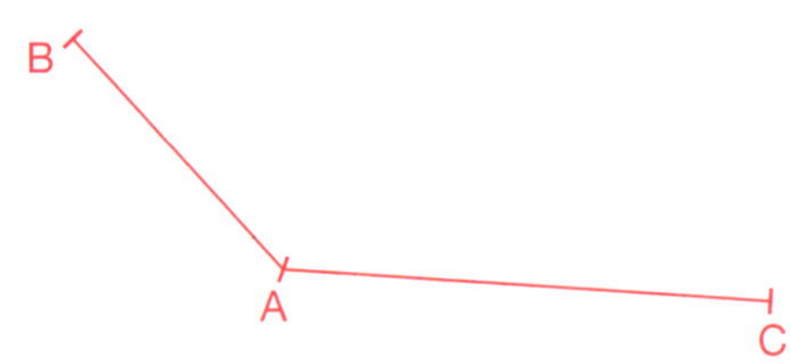

b. Noter O le point d'intersection des médiatrices (*d*) et (*d'*).

c. Compléter : « O appartient à la médiatrice du segment [AB] donc .... = ...
O appartient à ....
donc OA = OC ».

d. Jenny affirme : « Le cercle de centre O qui passe par A, passe aussi par B et C ».
Pourquoi Jenny a-t-elle raison ?

....

....

....

CALCUL MENTAL • .... • .... • .... • .... • .... / 5

FICHE

64 Perfectionnement

★★★

1 Une piste d'atterrissage est représentée par un segment [AB].
Un deuxième avion est symétrique de celui dessiné par rapport à la droite (AB).
Représenter ce deuxième avion.

2 Sur ce plan d'un jardin public, 1 cm représente 10 m dans la réalité.
Un chêne (point C) est situé :
- à la même distance de la statue (point S) et du lampadaire (point L),
- à 50 m du rhododendron (point R),
- à plus de 40 m du lampadaire.

Construire l'emplacement du chêne (C).

3 Le point A′ est le symétrique du point A et le point B′ celui du point B, par rapport à la droite (*d*).
On se propose de mesurer la longueur AB.
Malheureusement le point A est en dehors du cadre.
Malgré tout, sans effectuer de tracés en dehors du cadre, mesurer la longueur AB.

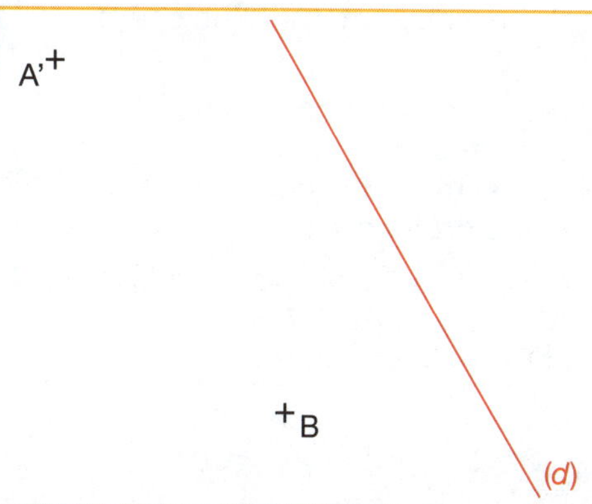

AB = ...

4 **Un programme de construction**

(1) Tracer un cercle $\mathcal{C}$ de centre O et de rayon 2 cm.
(2) Placer un point A qui appartient au cercle $\mathcal{C}$.
(3) Tracer la médiatrice (*d*) du segment [OA].
(4) Noter M et N les points d'intersection de la droite (*d*) et du cercle $\mathcal{C}$.

a. Réaliser ce programme de construction.

b. Quelle est la longueur AM ? Expliquer.

....

....

....

....

65 QCM et jeux

QCM **Voici un questionnaire à choix multiples.**
Pour chaque question, entourer la (ou les) réponse(s) exacte(s).

Note ..... / 5

A	Les figures $\mathcal{F}$ et $\mathcal{F}'$ sont symétriques par rapport à la droite (d) sur le dessin…	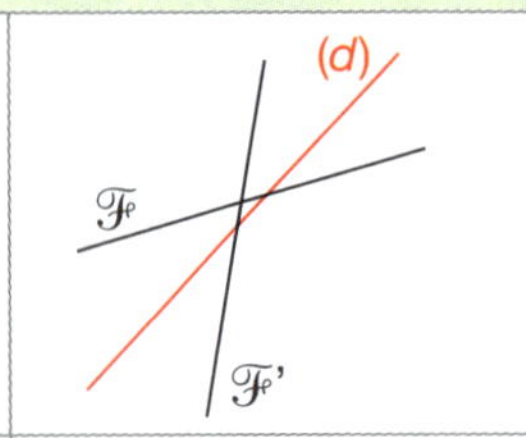	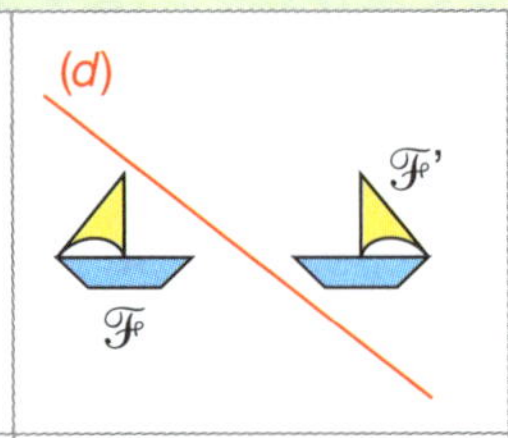	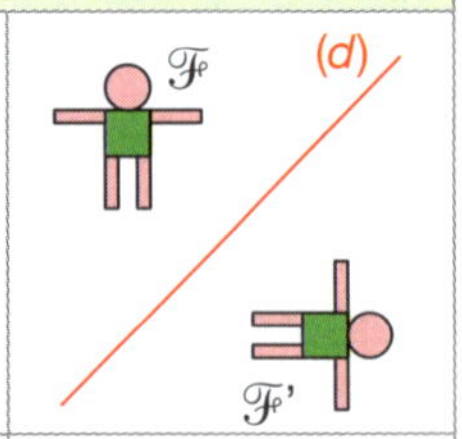
B	Une figure qui a quatre axes de symétrie est représentée sur le(s) dessin(s)…			
C	Un axe de symétrie d'un segment [MN] est…	la perpendiculaire à la droite (MN) en M	sa médiatrice	la droite (MN)
D	Un rectangle a pour dimensions 5 cm et 3 cm. Son symétrique par rapport à une droite est…	un rectangle d'aire 15 cm^2	un rectangle de périmètre 16 cm	un quadrilatère qui a quatre angles droits
E	A, B, M sont trois points tels que AM = 2 cm, AB = 2 cm et BM = 3 cm. Alors…	A est le milieu du segment [BM]	A appartient à la médiatrice du segment [BM]	M appartient à la médiatrice du segment [AB]

jeu 1

En haut le dessin original, en bas son symétrique qui comporte 5 erreurs.

➤ Trouver ces erreurs.

jeu 2

Certains mots de la langue française, écrits en lettres majuscules ont un axe de symétrie comme ci-dessous.

~~CODE~~ ~~BICHE~~

➤ Trouver cinq autres mots qui ont un axe de symétrie.

....

....

jeu 3

1. Construire la symétrique :

a. de la figure rouge par rapport à (d_1),

b. de la figure totale obtenue par rapport à (d'_1) ainsi que par rapport à (d'_2).

c. Recommencer par rapport à (d_2) et (d_3).

2. Colorier le pavage à votre convenance.

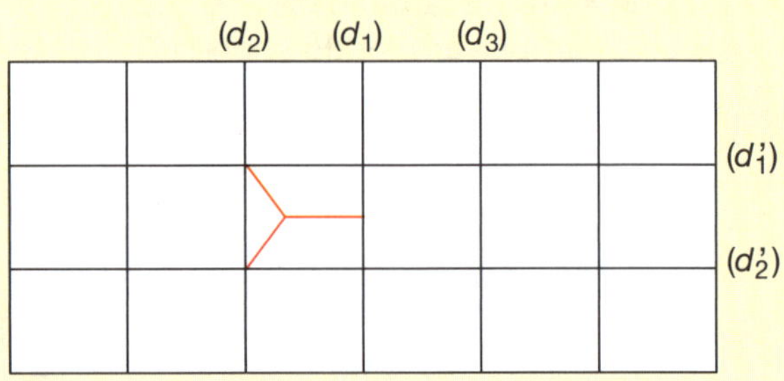

jeu 4

➤ En repliant les carrés de droite et de gauche sur le carré central, combien verra-t-on de triangles blancs par transparence ?

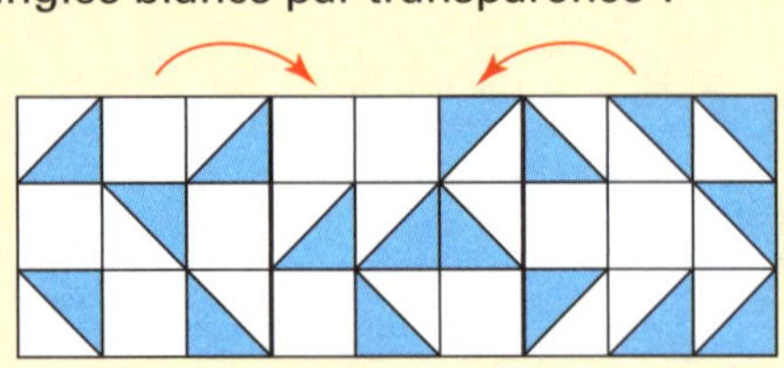

....

Symétrie axiale et figures usuelles

Chapitre 13

CALCUL MENTAL ● .... ● .... ● .... ● .... ● .... / 5

FICHE

66 Triangles particuliers : description

Triangle isocèle en A

- AB = AC
- $\widehat{ABC} = \widehat{ACB}$
- Un axe de symétrie : la médiatrice du côté [BC] (elle porte aussi la bissectrice de l'angle $\widehat{BAC}$).

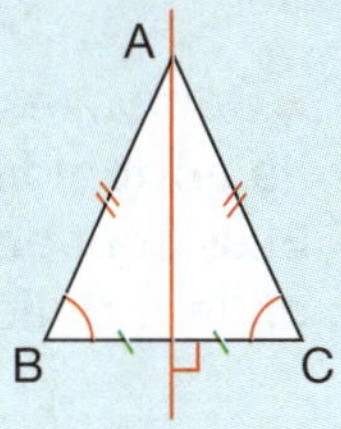

Triangle équilatéral

- AB = AC = BC
- $\widehat{ABC} = \widehat{BCA} = \widehat{CAB}$
- Trois axes de symétrie : les médiatrices des trois côtés (elles portent les bissectrices des angles du triangle).

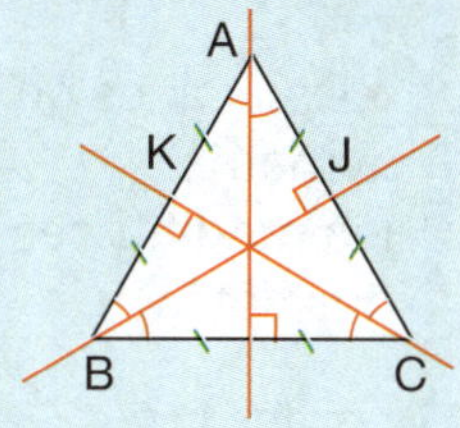

1 MNP est un triangle isocèle en M.

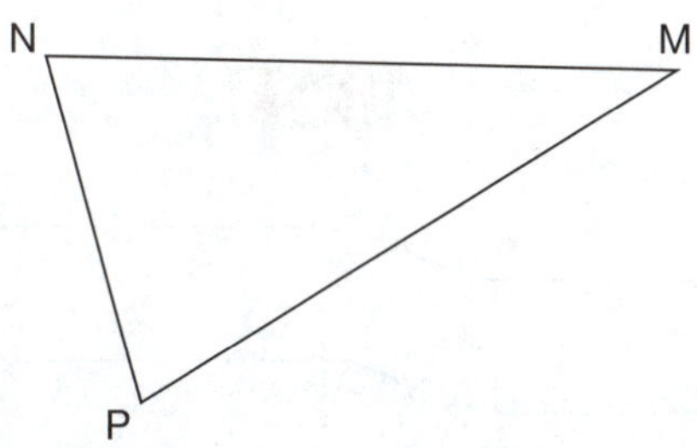

a. Coder les longueurs égales et les angles de même mesure.

b. Avec l'équerre uniquement, tracer l'axe de symétrie du triangle.
Noter H son point d'intersection avec le côté [NP]. Que peut-on dire de H ?

....

c. Coder alors sur la figure d'autres longueurs égales, les angles droits et d'autres angles de même mesure.

2 EFG est un triangle équilatéral.
Avec l'équerre uniquement, tracer ses axes de symétrie.

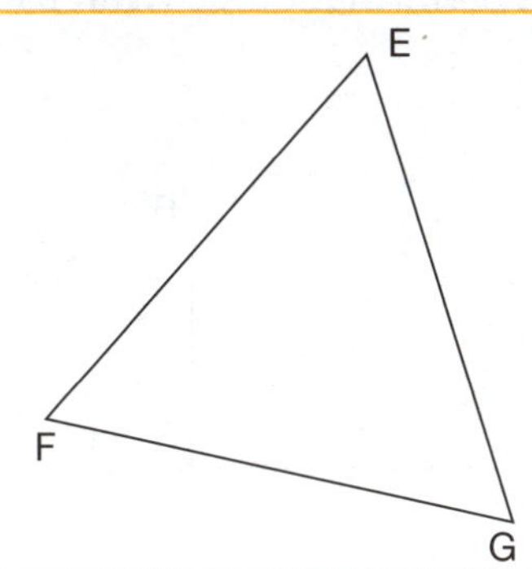

3

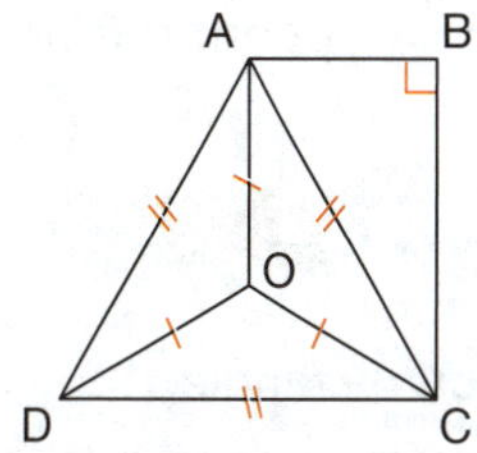

Citer les cinq triangles visibles sur cette figure.
Pour chacun d'eux, indiquer sa nature (c'est-à-dire s'il est rectangle, isocèle, équilatéral).

....

....

....

4 Dans chaque cas, faire une figure à main levée correspondant à l'énoncé, la coder, puis indiquer la nature du triangle.

a. AMI est un triangle dont les côtés [AM] et [MI] sont perpendiculaires.

b. SUR est un triangle dont les côtés [SU] et [SR] sont perpendiculaires et de même longueur.

....

....

CALCUL MENTAL • .... • .... • .... • .... • .... / 5

FICHE

67 Quadrilatères particuliers : description

SOCLE 6e

Rectangle

C'est un quadrilatère qui a quatre angles droits.

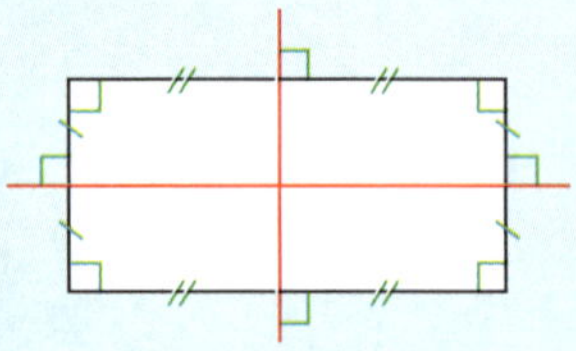

- Deux axes de symétrie : les médiatrices des côtés.

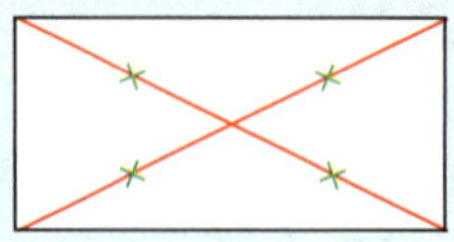

- Les diagonales se coupent en leur milieu et ont même longueur.

Losange

C'est un quadrilatère qui a quatre côtés de même longueur.

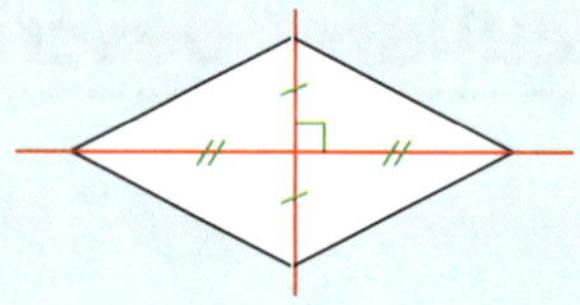

- Deux axes de symétrie : ils portent les diagonales. Elles sont perpendiculaires en leur milieu.

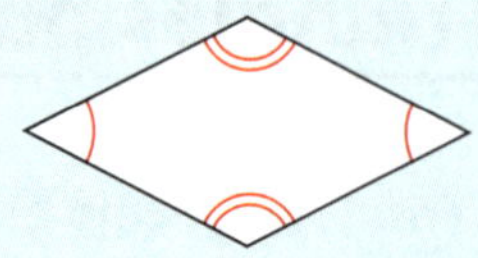

- Les angles opposés ont même mesure.

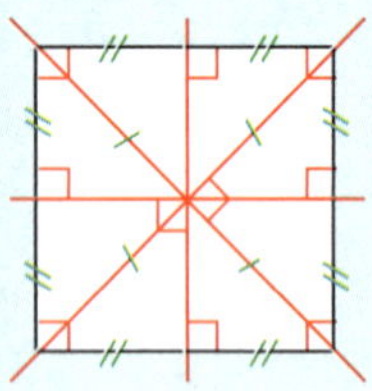

Carré

C'est à la fois un rectangle et un losange. Donc :

- il a quatre axes de symétrie,
- ses diagonales sont perpendiculaires en leur milieu et ont même longueur.

★

1 ABCD est un rectangle.

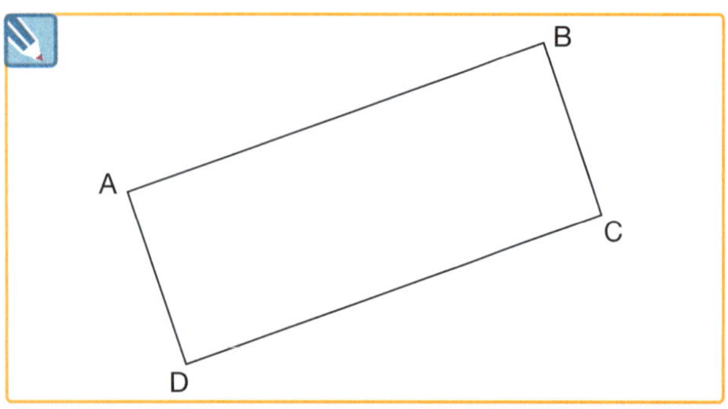

a. Tracer ses diagonales.
Noter O leur point d'intersection.

b. Quelle est la nature des triangles AOB, BOC, COD, DOA ?

....

c. Coder les longueurs égales, les angles de même mesure.

2 PARI est un losange.

a. Tracer ses diagonales.

b. Coder les longueurs égales et les angles de même mesure.

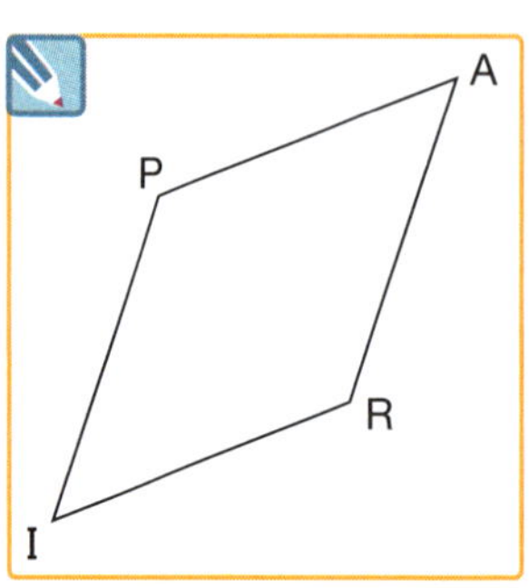

★★

3

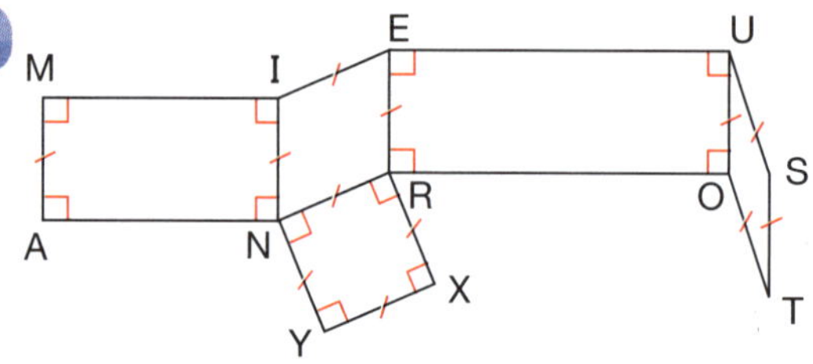

Citer les cinq quadrilatères visibles sur cette figure. Pour chacun d'eux indiquer sa nature.

....

....

....

4 Ryan : « Une diagonale est axe de symétrie de ce rectangle ».
Construire le symétrique du rectangle par rapport à la droite (AC).
Dire alors si l'affirmation de Ryan est vraie ou fausse.

....

....

....

FICHE 68 Construction de triangles et quadrilatères

★

1 Construire ce triangle isocèle PIE en vraie grandeur.

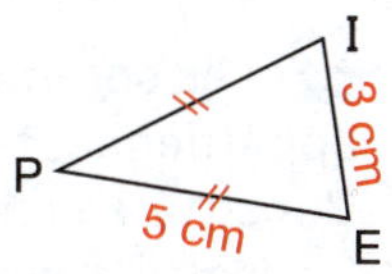

2 Compléter cette figure pour obtenir un triangle équilatéral ABC de côté 4 cm.

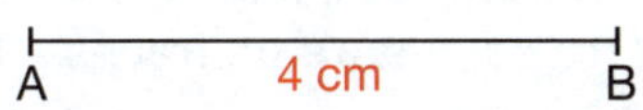

3 **a.** Les diagonales de ce losange MURI se coupent en O.
Construire ce losange en vraie grandeur.

b. Construire le point E tel que le quadrilatère ROUE soit un rectangle.

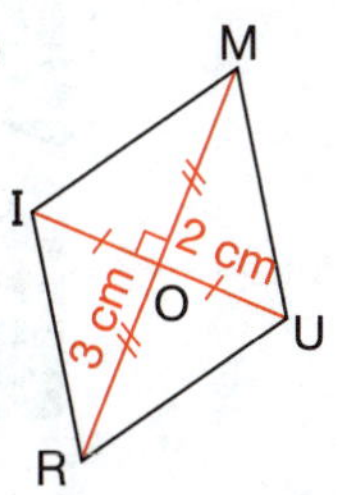

★★

4 Construire ce triangle isocèle SUC en vraie grandeur.

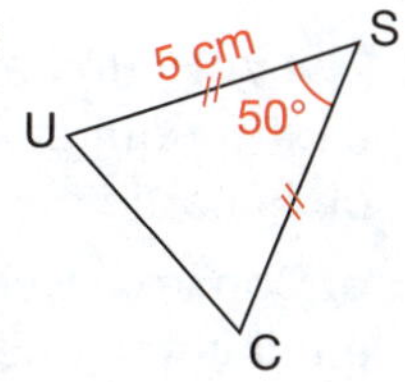

5 Construire ce triangle isocèle BAR en vraie grandeur.

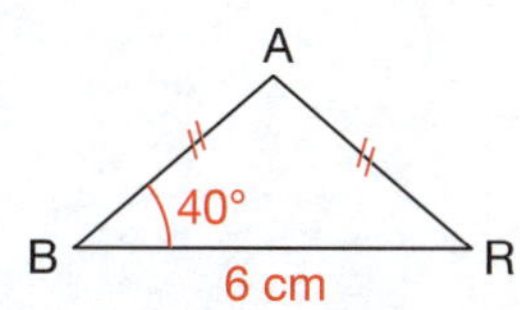

6 Construire ce rectangle VOIR en vraie grandeur.

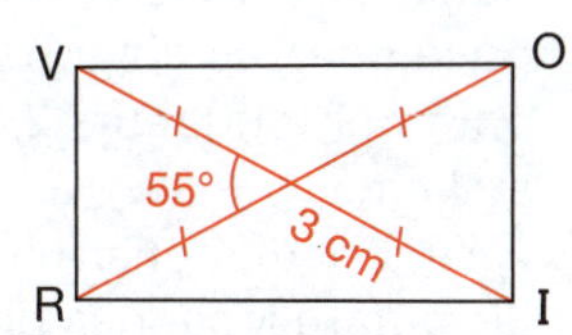

FICHE

69 Perfectionnement

★★★

1 Voici un pavage utilisé par les artistes de l'Antiquité. À droite figure un grossissement de la partie colorée en vert.

a. Construire cet assemblage de 6 triangles équilatéraux de côté 2 cm.

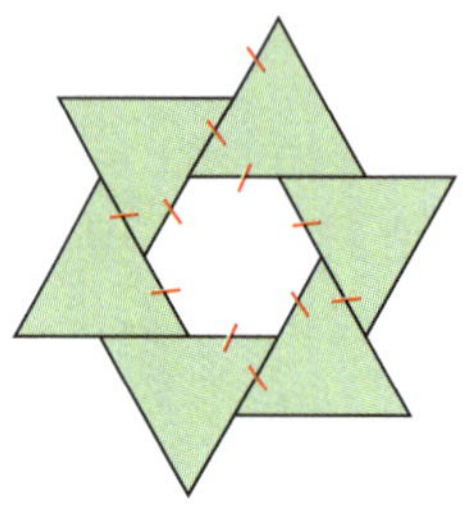

b. Quelle est la nature du polygone entouré par ces triangles équilatéraux ?

....

2 Voici un autre pavage utilisé dès l'Antiquité ; il est composé de losanges. Construire un tel losange grisé dont les diagonales ont pour longueurs 2,5 cm et 4 cm. À l'intérieur, construire les quatre losanges bleus de côtés 0,5 cm et les deux autres losanges.

3 Les sommets de ce carré appartiennent à ce cercle. Construire cette figure avec les instruments de géométrie en doublant le rayon du cercle.

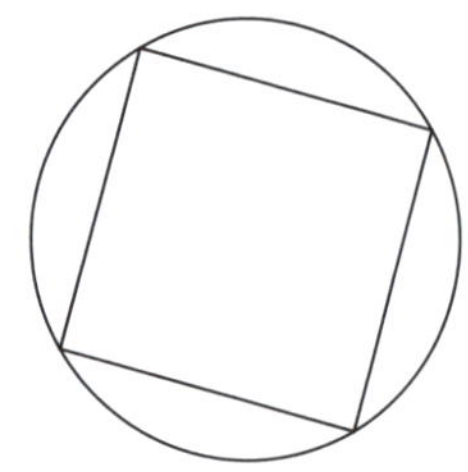

4 Une personne a photographié un parterre de fleurs en forme de losange. Malheureusement, la photographie n'est que partielle. Construire malgré tout, les axes de symétrie de ce parterre sans faire de tracés à l'extérieur de la photo.

5 ABCD et CDEF sont les deux carrés ci-contre. Nadia : « $\widehat{BDF} = 90°$ ». Qu'en pensez-vous ?

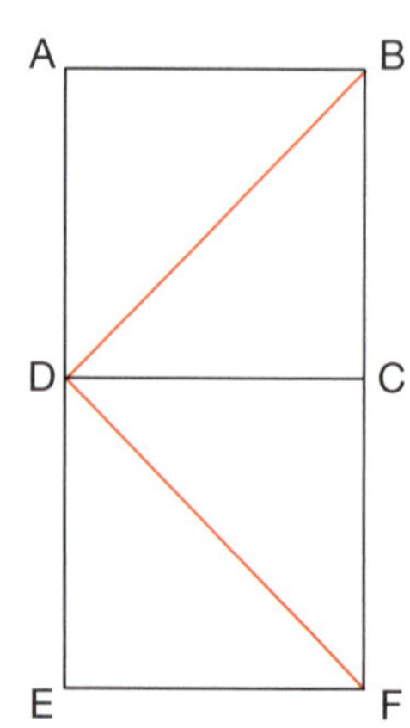

....

....

....

....

....

70 QCM et jeux

QCM

Voici un questionnaire à choix multiples.
Pour chaque question, entourer la (ou les) réponse(s) exacte(s).

Note ..... / 5

A	Un triangle isocèle a…	deux axes de symétrie	deux côtés de même longueur	deux angles de même mesure
B	ABC et BCD sont deux triangles équilatéraux accolés par le côté [BC]. Alors le quadrilatère ABDC est…	un losange	un rectangle	un carré
C	Les diagonales sont de même longueur dans tous les…	losanges	rectangles	carrés
D	Les diagonales d'un rectangle ABCD se coupent en O. Alors…	$\widehat{OAB} = \widehat{OBA}$	le triangle AOD est isocèle en O	$\widehat{CAD} = \widehat{CAB}$
E	Les diagonales d'un losange EFGH se coupent en O. Alors…	le triangle EOF est isocèle en O	le triangle FGH est isocèle en G	$\widehat{EHO} = \widehat{GHO}$

jeu 1

➤ Combien peut-on voir de rectangles sur cette figure ? ....

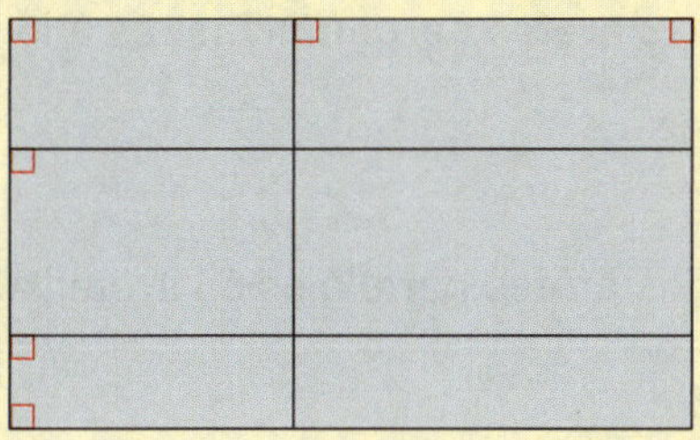

jeu 2

➤ Trouver les 7 erreurs.

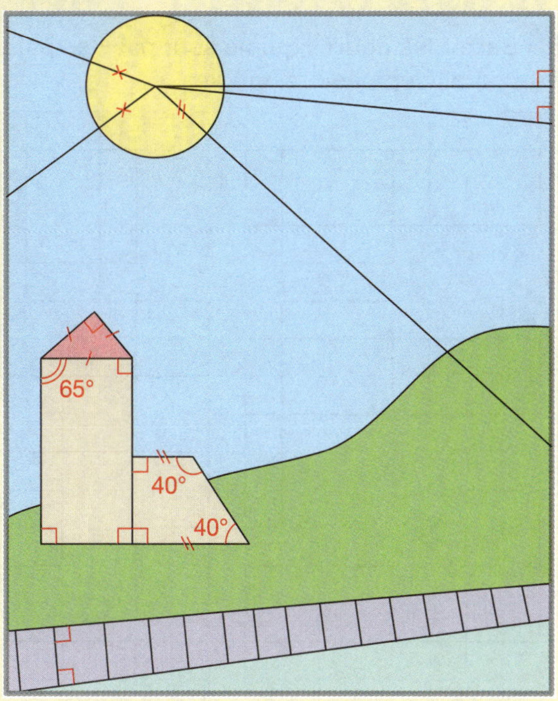

jeu 3

Le plan de ce musée indique le nombre de tableaux exposés dans chacune des douze salles.
Mathias n'a le temps de visiter que six salles, et il veut voir le plus grand nombre possible de tableaux.

➤ Dessiner son trajet.

Championnat des Jeux Mathématiques et logiques

jeu 4

➤ Si un disque vaut un carré plus un triangle et si un carré vaut deux triangles, quel lot a la plus grande valeur ?

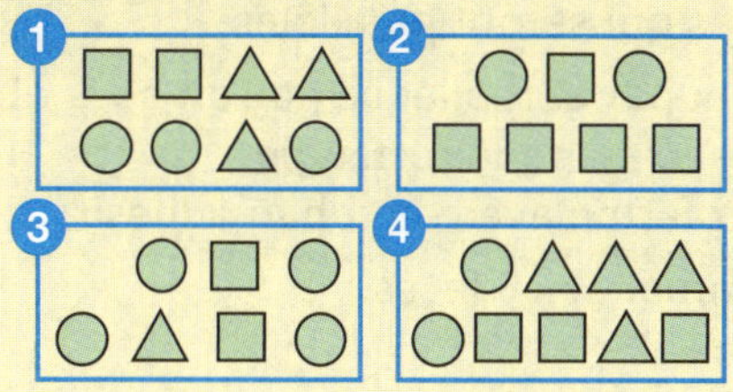

D'après *Bernard Myers*

....

Chapitre 14

Parallélépipèdes rectangles. Volumes

CALCUL MENTAL • .... • .... • .... • .... • .... / 5

FICHE

71 Parallélépipèdes rectangles : patrons

SOCLE 6e

- Fabrication d'un parallélépipède rectangle à partir d'un patron.

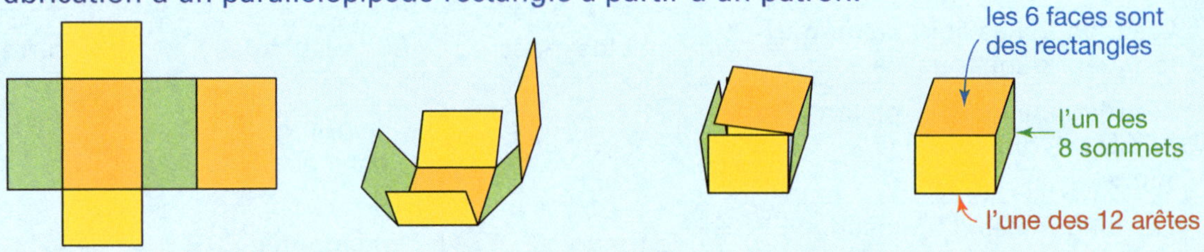

- Il existe plusieurs patrons d'un même parallélépipède rectangle.

★

1 **a.** Faire un calque de ce patron de parallélépipède rectangle.

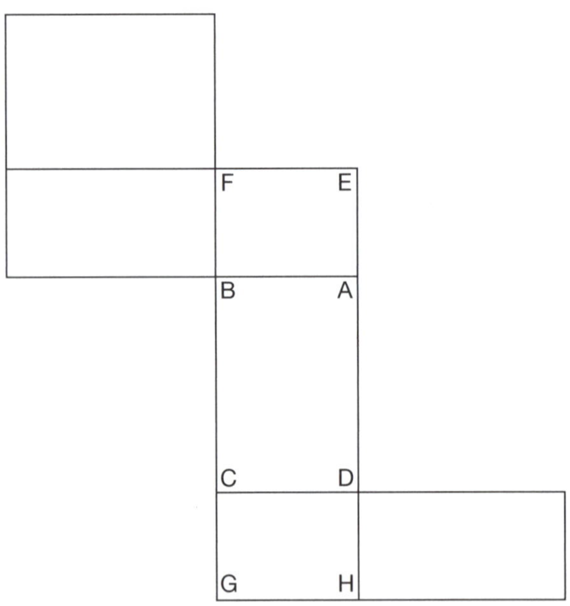

b. Sur le patron obtenu, relier par des flèches les segments qui formeront une même arête.

c. Sur ce calque, colorer d'une même couleur les faces qui seront parallèles.

d. Découper et replier ce patron pour obtenir un parallélépipède rectangle.
Le tenir fermé avec du ruban adhésif.

e. Nommer ses 6 faces.

....

....

f. Vérifier que les faces parallèles sont bien d'une même couleur.

★★

2 On utilise le parallélépipède rectangle ABCDEFGH fabriqué à l'exercice **1**.

a. Citer les arêtes perpendiculaires à la face ABCD.

....

b. Citer les arêtes parallèles à l'arête [AD].

....

c. Citer les faces perpendiculaires à la face ABCD.

....

3 Barrer les figures qui ne sont pas des patrons d'un parallélépipède rectangle.

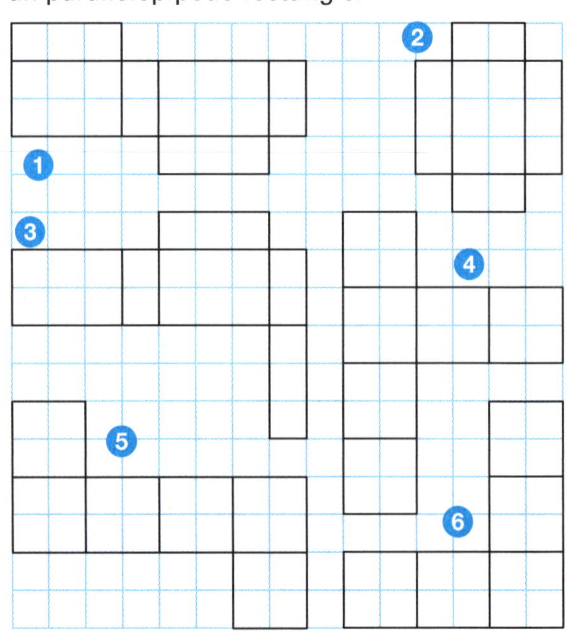

FICHE

72 Représentation en perspective cavalière

SOCLE 6e

Dans une représentation en perspective cavalière d'un parallélépipède rectangle :

- les arêtes cachées sont représentées en pointillés,
- les faces qu'un observateur a face à lui sont représentées par des rectangles,
- les arêtes parallèles sur le solide sont représentées par des segments parallèles.

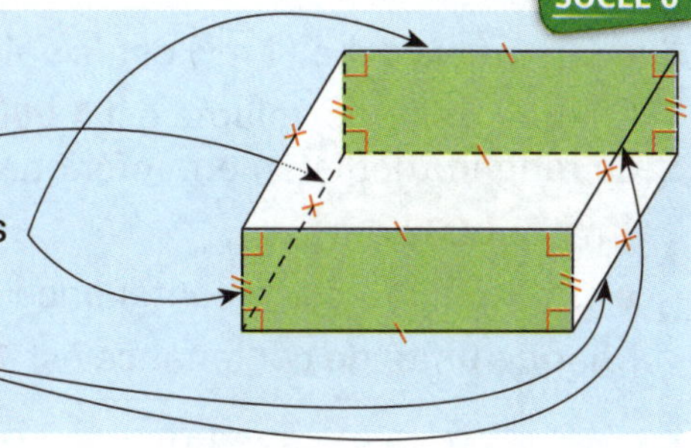

★

1 Un cube est un parallélépipède rectangle dont les 6 faces sont des carrés.

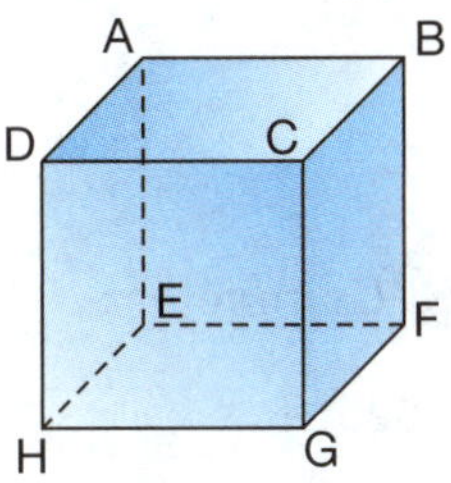

1. Sur la représentation en perspective cavalière de ce cube :

a. quel est le sommet caché ?

....

b. quelles sont les arêtes cachées ?

....

c. quelles faces sont représentées par des carrés ?

....

2. En réalité, sur le cube :

a. quelle est la mesure de l'angle $\widehat{ABC}$?

....

b. que peut-on dire des longueurs GF et HG ?

....

2 Pour le cube représenté à l'exercice 1 :

a. citer la face parallèle à la face BCGF,

....

b. citer les arêtes perpendiculaires à la face BCGF,

....

c. citer les faces perpendiculaires à la face ABFE,

....

d. citer les arêtes parallèles à l'arête [EF].

....

★★

3 Voici le début d'une représentation en perspective cavalière d'un parallélépipède rectangle ABCDEFGH.

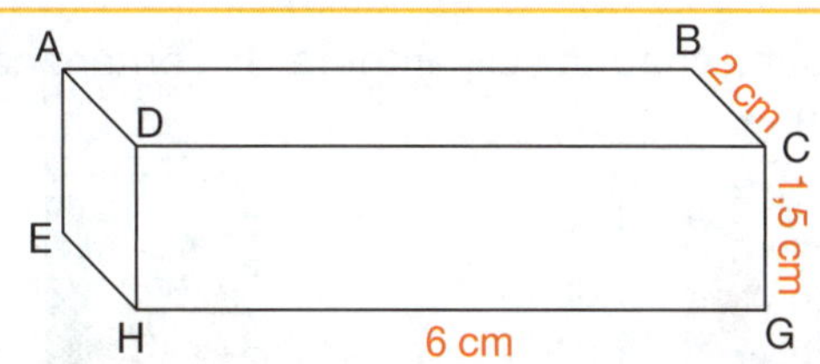

a. Tracer en rouge les arêtes cachées et placer le sommet F manquant.

b. Compléter :

AD = ... EF = ... AE = ...

c. Calculer la longueur totale des arêtes.

....

....

4 Voici une représentation en perspective cavalière d'un parallélépipède rectangle ABCDEFGH.

Construire en vraie grandeur :

a. la face ADHE,

b. le triangle CDG,

c. le triangle BCF.

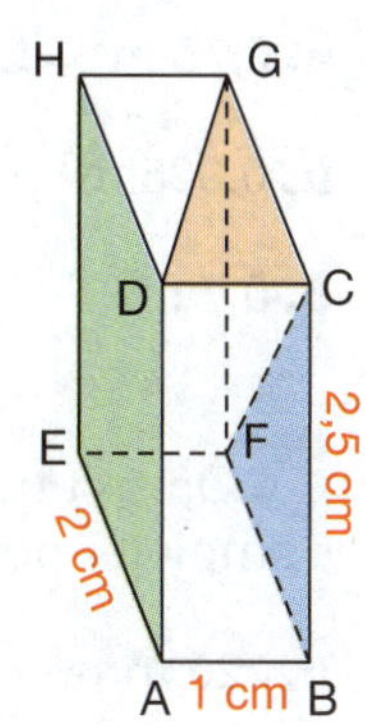

FICHE

73 Unités de volume et de contenance

- Un **mètre cube** (1 m^3) est le volume d'un cube d'arête 1 m.

Chaque unité de volume est **1 000** fois plus grande que celle de rang immédiatement inférieur.

1 m^3	1 dm^3	1 cm^3	1 mm^3

1 m^3 = **1 000** dm^3 1 dm^3 = **1 000** cm^3 1 cm^3 = **1 000** mm^3

- Un **litre** (1 L) est la contenance d'un cube d'arête 1 dm. Donc : **1 L = 1 dm^3**

Chaque unité de contenance est **10** fois plus grande que celle immédiatement inférieure.

		1 m^3			1 dm^3			1 cm^3			1 mm^3
			1 hL	1 daL	1 L	1 dL	1 cL	1 mL			

1 m^3 = 1 000 L 1 dm^3 = 100 cL 1 cm^3 = 1 mL

★

1 Dans chaque cas, entourer la contenance possible.

1 cL
1 dL
1 L

un pot de yaourt

2 L
2 daL
2 hL

une grande brique de jus d'orange

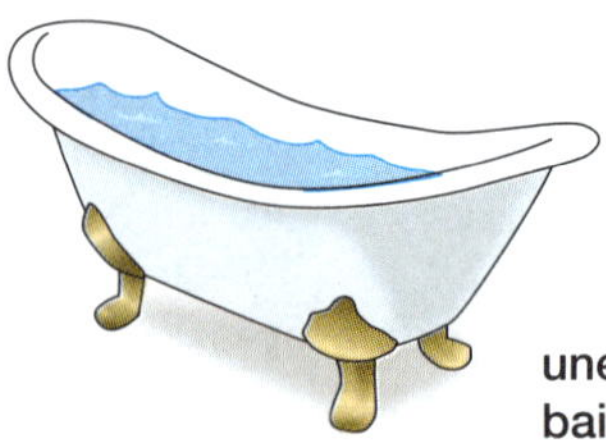

1 L
1 daL
1 hL

une petite baignoire

2 On sait que 1 m^3 = 1 000 dm^3.
Compléter pour convertir en dm^3.

a. 2,75 m^3 = 2,75 × 1 000 dm^3 = ... dm^3

b. 0,025 m^3 = ...

c. 0,7 m^3 = ...

3 On sait que 1 mm^3 = 0,001 cm^3.
Compléter pour convertir en cm^3.

a. 225 mm^3 = 225 × 0,001 cm^3 = ... cm^3

b. 1 850 mm^3 = ...

c. 45,5 mm^3 = ...

4 Compléter.

a. 94 000 cL = ... hL

b. 525 L = ... cL

★★

5 Compléter :

a. 52 m^3 = ... dm^3

b. 0,6 m^3 = ... dm^3 = ... cm^3

c. 750 dm^3 = ... m^3 = ... cm^3

d. 65 dm^3 = ... m^3 = ... cm^3

e. 1 250 cm^3 = ... dm^3 = ... m^3

f. 49 mm^3 = ... cm^3

6 On plonge un morceau de pâte à modeler dans une éprouvette graduée en millilitres.

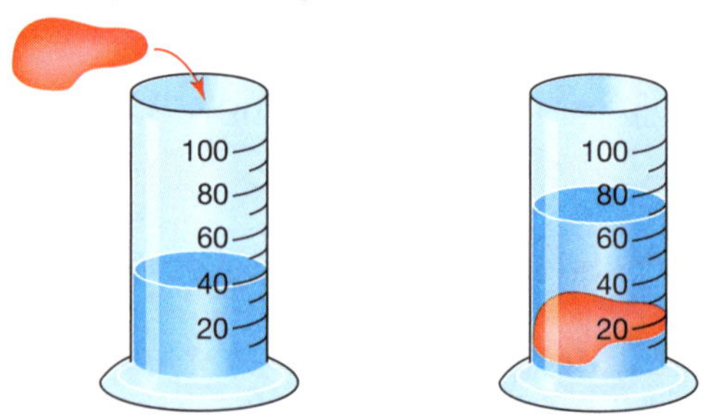

Quel est le volume, en cm^3, de ce morceau de pâte à modeler ?

....

....

7 Un flacon de parfum a une contenance de 200 mL.

a. Compléter.

200 mL = ... L

b. Quel est le volume, en cm^3, de ce flacon ?

....

FICHE

74 Volume d'un parallélépipède rectangle

- On remplit ce parallélépipède rectangle de cubes de 1 cm d'arête. On peut en disposer 20 sur le fond ($5 \times 4 = 20$).

On peut empiler 3 couches de 20 cubes, soit **60** cubes.

Le volume de ce parallélépipède rectangle est de **60** cm^3.

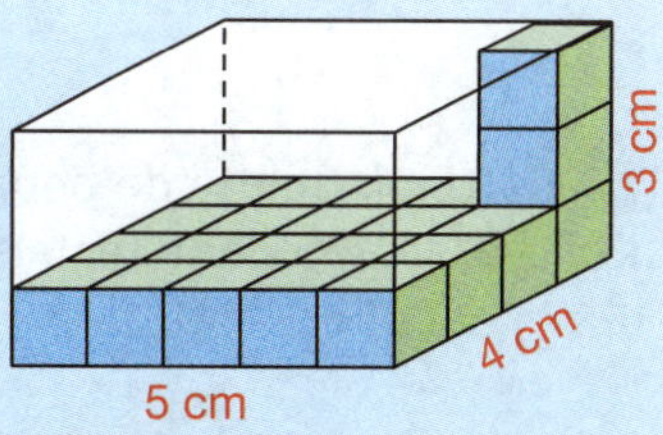

- Le volume $\mathcal{V}$ d'un parallélépipède rectangle de dimensions L, ℓ, h (dans la même unité) est :

$$\mathcal{V} = L \times \ell \times h$$

- Le volume $\mathcal{V}$ d'un cube d'arête c est :

$$\mathcal{V} = c \times c \times c$$

1 On a commencé à remplir ce parallélépipède rectangle avec des cubes d'arête 1 cm.

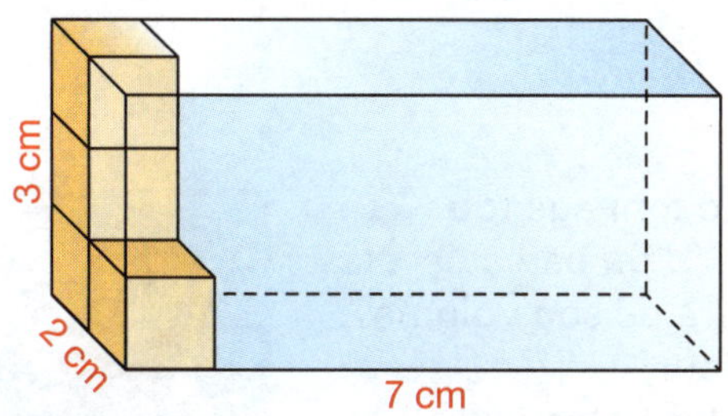

a. Combien de cubes peut-on disposer sur le fond ?

b. Combien de cubes faut-il pour remplir le parallélépipède rectangle ?

c. Quel est son volume ? (Préciser l'unité)

2 On a commencé à remplir ce parallélépipède rectangle avec des cubes d'arête 1 cm ainsi qu'avec des moitiés de cubes.

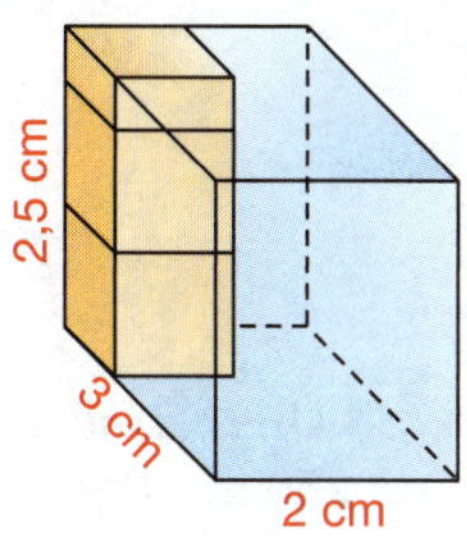

a. Comment peut-on le remplir ?

b. Quel est son volume ?

3 Une piscine a la forme d'un parallélépipède rectangle de longueur 10 m, de largeur 5 m et de profondeur 1,8 m.

a. Calculer le volume de cette piscine.

b. Exprimer sa contenance en litres.

4 Compléter ce tableau relatif à des parallélépipèdes rectangles.

Dimensions en cm			Volume en cm^3
4	3	2	………
5	6	1,2	………
7	7	7	………
………	8	5	360
15	………	3,2	312
24	5	………	1 500

5 Une poutre a la forme d'un parallélépipède rectangle de dimensions 4,5 m, 2 dm et 8 cm.

a. Convertir chaque dimension en dm.

b. Calculer le volume de cette poutre en dm^3.

CALCUL MENTAL • .... • .... • .... • .... • .... / 5

FICHE

75 Perfectionnement

★★★

1 Cette plaquette de beurre a la forme d'un parallélépipède rectangle de dimensions 10 cm, 6 cm et 4 cm.

Voici le début d'un patron d'un tel parallélépipède rectangle. Le côté d'un petit carreau représente une longueur de 2 cm.
Compléter ce patron.

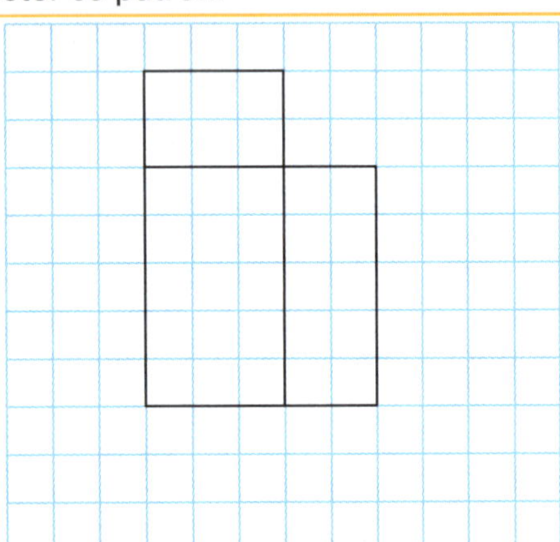

2 Nathalie a commencé des représentations en perspective cavalière d'un parallélépipède rectangle ABCDEFGH.
Terminer chacune de ces représentations.

a.

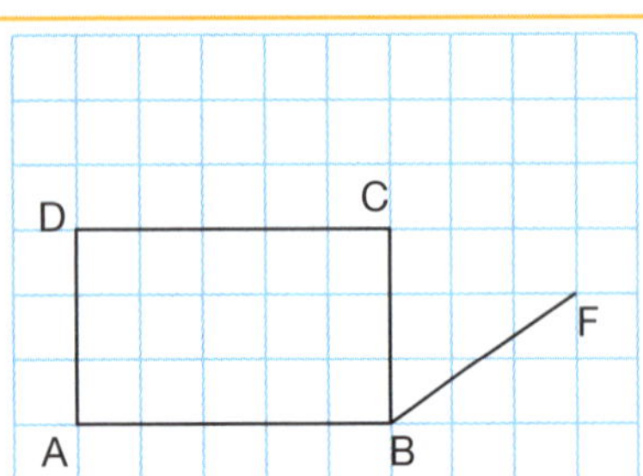

b.

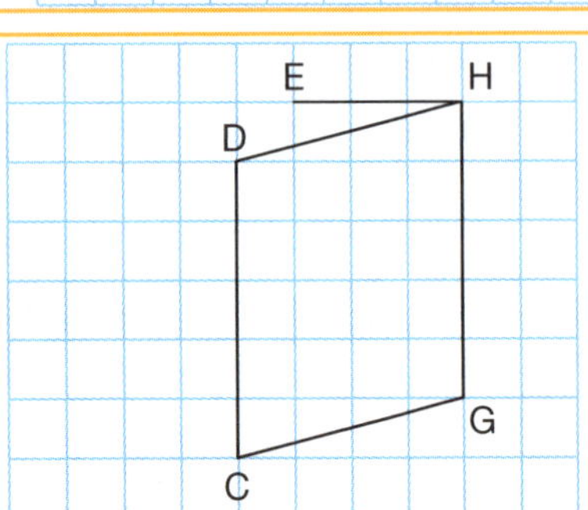

3 Pour mesurer un volume de bois de chauffage on utilise le stère.
1 stère de bois correspond à 1 m^3.
Sur le dessin, ce tas de bois a un volume de 12 stères.
On assimile ce tas de bois à un parallélépipède rectangle.
Calculer sa longueur.

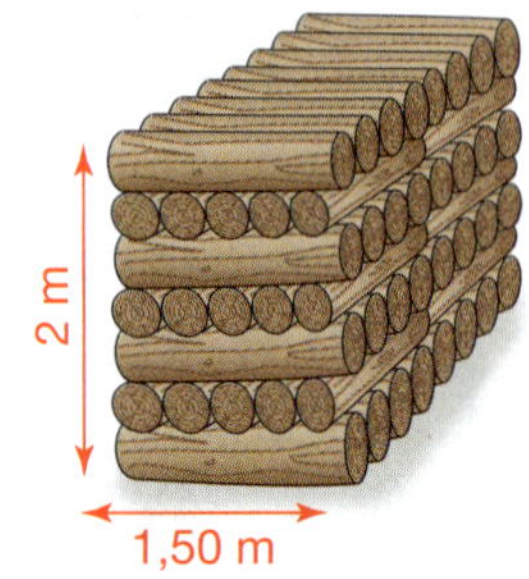

....

....

....

4 Le tonnage (ou jauge) d'un bateau est la mesure de son volume intérieur.
Pour les bateaux de longueur inférieure à 15 m, l'unité de tonnage est le tonneau.
1 tonneau correspond à 2,83 m^3.

a. Un fileyeur (pêche au filet) du port d'Erquy a une jauge de 14 tonneaux.
Quel volume en m^3 représente cette jauge ?

....

b. La cale de ce fileyeur peut-elle avoir le même volume qu'un parallélépipède rectangle de dimensions 11,5 m, 3,95 m et 1,19 m ?

....

....

....

....

5 Une terrasse rectangulaire a une aire de 250 m^2. Pour la rendre imperméable, on la recouvre d'un enduit de 0,5 cm d'épaisseur.
Quel volume d'enduit faut-il prévoir ?

....

....

....

76 QCM et jeux

QCM **Voici un questionnaire à choix multiples.**
Pour chaque question, entourer la (ou les) réponse(s) exacte(s).

Note ..... / 5

A	Un parallélépipède rectangle a…	8 sommets et 6 faces	6 faces et 10 arêtes	12 arêtes et 8 sommets
B	Pour la représentation en perspective cavalière ci-contre, l'arête dont le dessin est incorrect est… 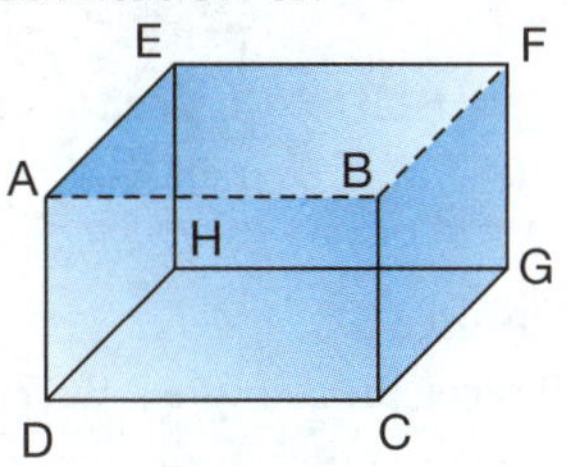	[AB]	[BF]	[BC]
C	Dans la réalité, pour ce parallélépipède rectangle représenté ci-contre… 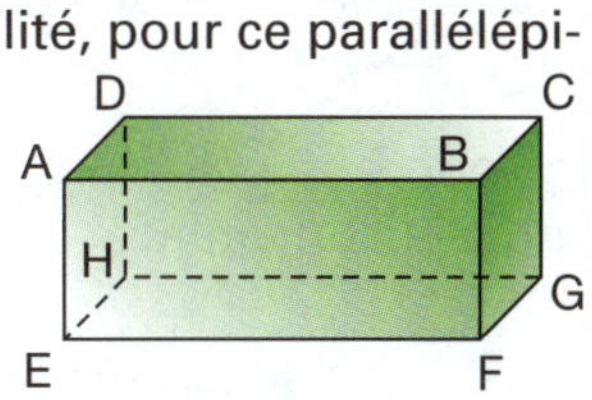	$\widehat{BCG} = 90°$	(AD) // (GF)	ABCD est un rectangle
D	1 cL est égal à…	0,01 L	10 cm^3	0,1 dm^3
E	Un cube a pour arête 5 cm. Alors…	son volume est 125 cm^3	la somme des aires de ses faces est 150 cm^2	la longueur totale de ses arêtes est 50 cm

jeu 1

Voici un patron d'un cube et quatre représentations de ce cube.

➤ Compléter les faces visibles de ces représentations.

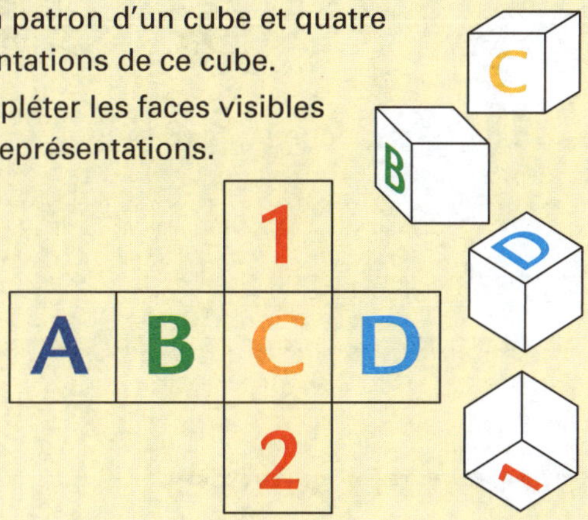

jeu 2

➤ Combien manque-t-il de petits cubes pour compléter le grand cube ?

....

....

D'après *Spécial Logique*

jeu 3

Il arrive quelquefois que le cerveau interprète mal l'image transmise par l'intermédiaire du nerf optique.

a. Pour chaque figure, dire si elle est possible ou non.

Triangle de Penrose

....

b.

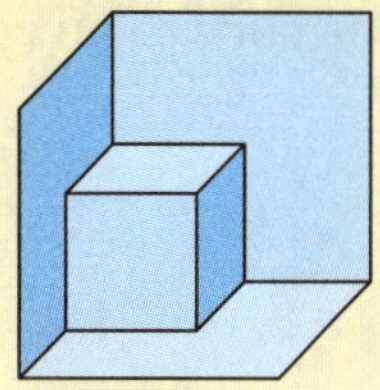

Que voit-on ?

....

....

c.

Combien de cubes entiers voit-on ?

....

SOCLE COMMUN

Les principaux éléments de mathématiques et la culture scientifique et technologique

1 Présenter une situation par une représentation adaptée

Énoncé 1
Tracer un triangle ABC isocèle en C.
Tracer la parallèle à (BC) passant par A.
Tracer la perpendiculaire à (BC) passant par C.

Énoncé 2
Tracer un triangle ABC isocèle en A.
Tracer la perpendiculaire à (AB) passant par B.
Tracer la perpendiculaire à (AB) passant par C.

Énoncé 3
Tracer un triangle ABC isocèle en A.
Tracer la parallèle à (AC) passant par B.
Tracer la parallèle à (BC) passant par A.

Énoncé 4
Tracer un triangle ABC isocèle en A.
Tracer la parallèle à (AC) passant par B.
Tracer la perpendiculaire à (AC) passant par C.

Énoncé 5
Tracer un triangle ABC isocèle en C.
Tracer la perpendiculaire à (AB) passant par A.
Tracer la perpendiculaire à (AB) passant par B.

Associer chaque énoncé à la figure ci-dessous qui lui correspond.
Rédiger ensuite un énoncé pour la figure qui ne correspond à aucun énoncé.

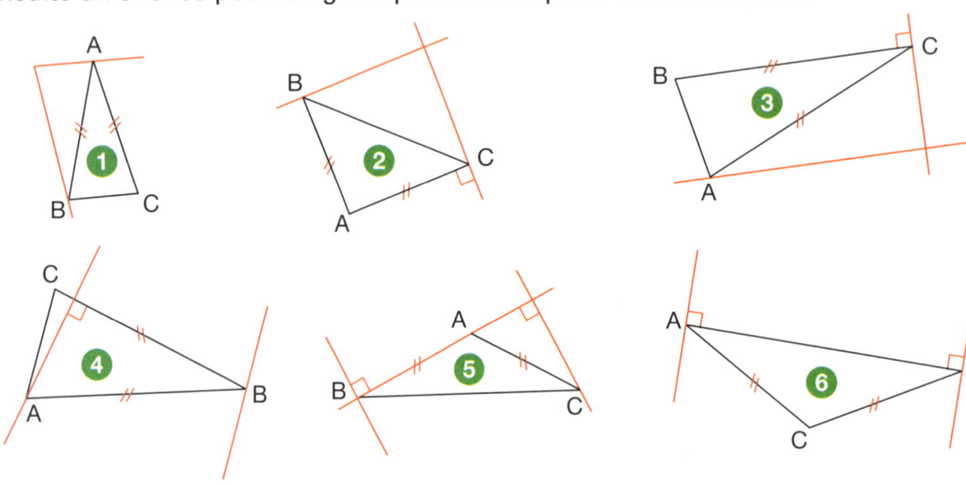

D'après *IREM d'Amiens*

....

....

....

2 Réaliser des mesures avec des instruments simples

On a représenté ci-contre la surface au sol d'un complexe sportif. 1 cm sur ce plan représente 15 m.

a. Vérifier par une construction simple que l'aire de ce complexe sportif est égale à l'aire d'un certain rectangle.

b. Calculer l'aire réelle de la surface au sol de ce complexe.

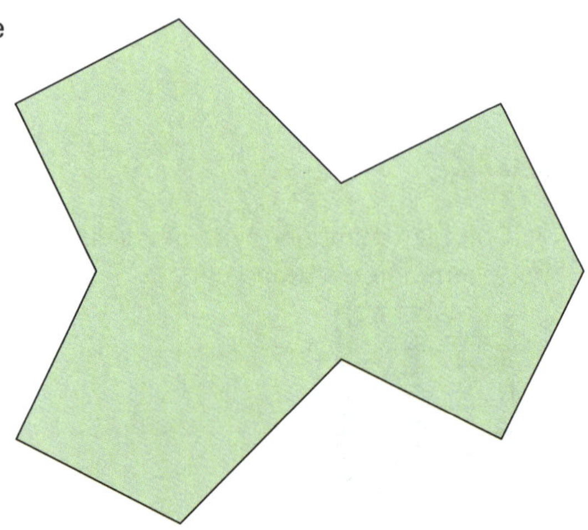

....

....

....

....

....

3 Mettre en œuvre une méthode d'investigation

1. Une abeille se déplace le long de cette figure constituée de quatre hexagones dont les côtés ont la même longueur. Elle va du point D au point E en empruntant le chemin le plus court.
Combien peut-elle prendre de chemins différents ?

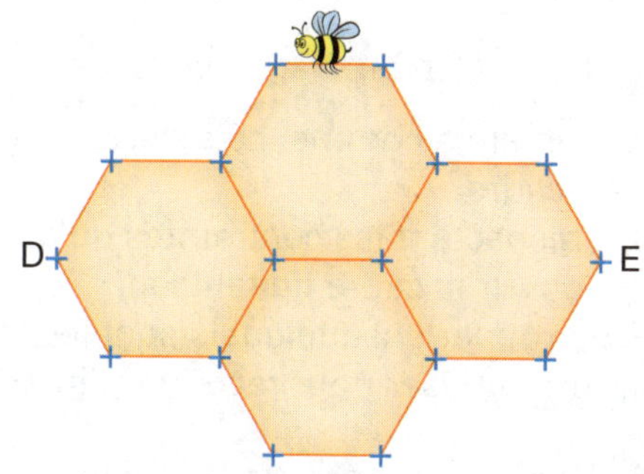

....

2. Tracer ci-dessous :

a. un triangle équilatéral qui a pour sommets trois des points bleus,

b. un losange qui a pour sommets quatre des points bleus,

c. les axes de symétrie de l'un des quatre hexagones.

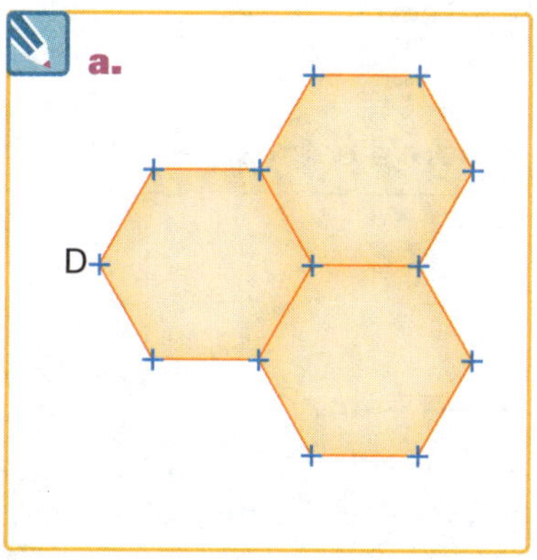

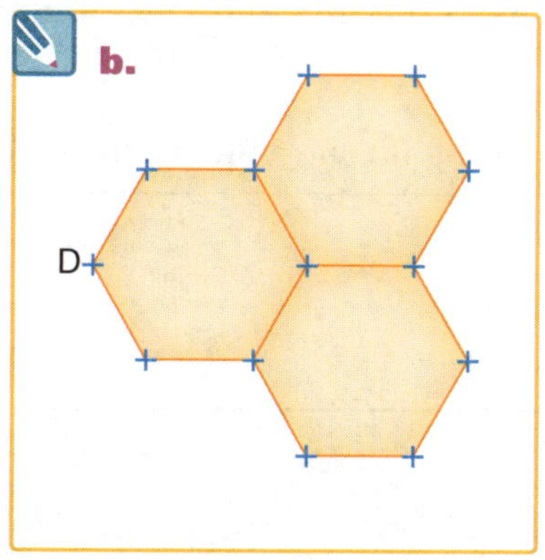

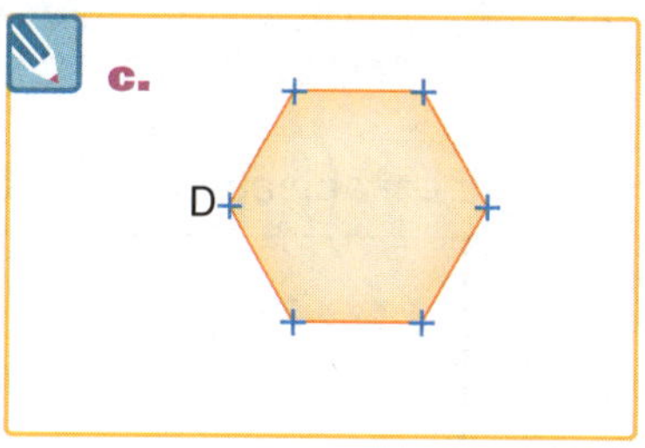

4 Mener à bien un calcul numérique

Environ 2 700 ans avant notre ère, l'architecte égyptien Imhotep a érigé la pyramide à degrés de Djéser à Saqqarah. Elle représentait un escalier géant vers le ciel symbolisant l'ascension du défunt.
Sur le schéma ci-contre figurent des indications sur les dimensions de cette pyramide.
Calculer le volume de la pyramide de Djéser.

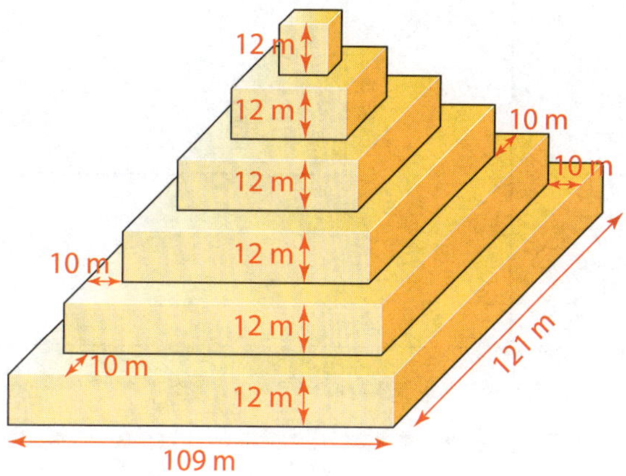

....

....

....

....

....

....

....

....

....

....

TÂCHES COMPLEXES

Le tableau

La situation-problème

Un artiste a commencé à dessiner un tableau avec son cadre.
En respectant les contraintes qu'il s'est fixées, recouvrir le cadre du tableau.
Déterminer ensuite quels sont les rectangles qu'il pourra utiliser pour recouvrir l'intérieur du tableau.

Doc. 1 : Les contraintes.

- Le cadre du tableau doit-être entièrement recouvert en utilisant une seule fois 7 des 8 rectangles (qui seront tracés en vraie grandeur).
- L'intérieur du tableau sera recouvert en utilisant un seul de ces rectangles (que l'on reproduira autant de fois que nécessaire).

Les supports de travail

Les documents, les instruments de géométrie.

Doc. 2 : Les aires des 8 rectangles qui ont tous pour largeur 2 cm.

- $6\ cm^2$ • $8\ cm^2$ • $10\ cm^2$ • $12\ cm^2$ • $14\ cm^2$ • $16\ cm^2$ • $18\ cm^2$ • $20\ cm^2$

Doc. 3 : Le tableau avec son cadre forme un carré de 14 cm de côté. Le cadre a pour largeur 2 cm.

Toute piste de recherche, même non aboutie figurera ci-dessous et sur le document 3.

La météorite

La situation-problème

Une météorite est tombée dans le lac Tchebarkoul (dans l'Oural) le 15 février 2013.
Aider les scientifiques à déterminer, sur une carte de la région, l'emplacement de leur base pour leurs futures observations.

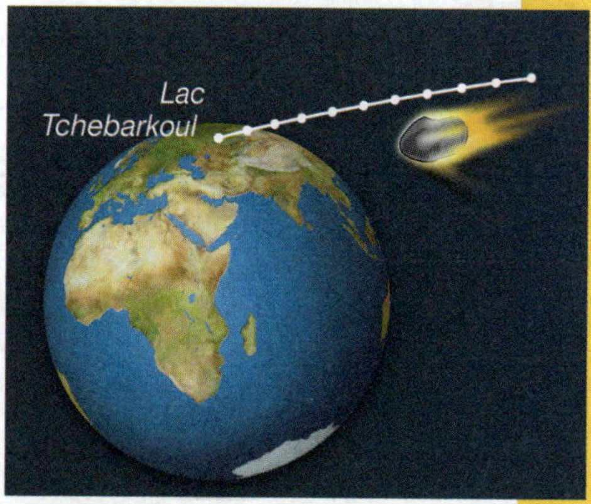

Les supports de travail

Les documents, les instruments de géométrie.

Doc. 1 : Les renseignements sur la météorite.

- Le diamètre de la météorite est d'environ 15 m.
- Le point d'impact de la météorite se situe dans le lac Tchebarkoul à 70 km de la ville de Kopeysk et à 60 km de la ville de Shershni.
- Une zone de sécurité a été décidée, aucun être humain ne doit se trouver à moins de 30 km du point d'impact.

Doc. 2 : Les contraintes des scientifiques.

- La base doit être la plus proche possible du point d'impact de la météorite mais elle doit être en dehors de la zone de sécurité.
- La base ne peut pas être sur le lac mais elle doit être à égale distance des villes de Kopeysk et de Shershni.

Doc. 3 : Une carte de la région.

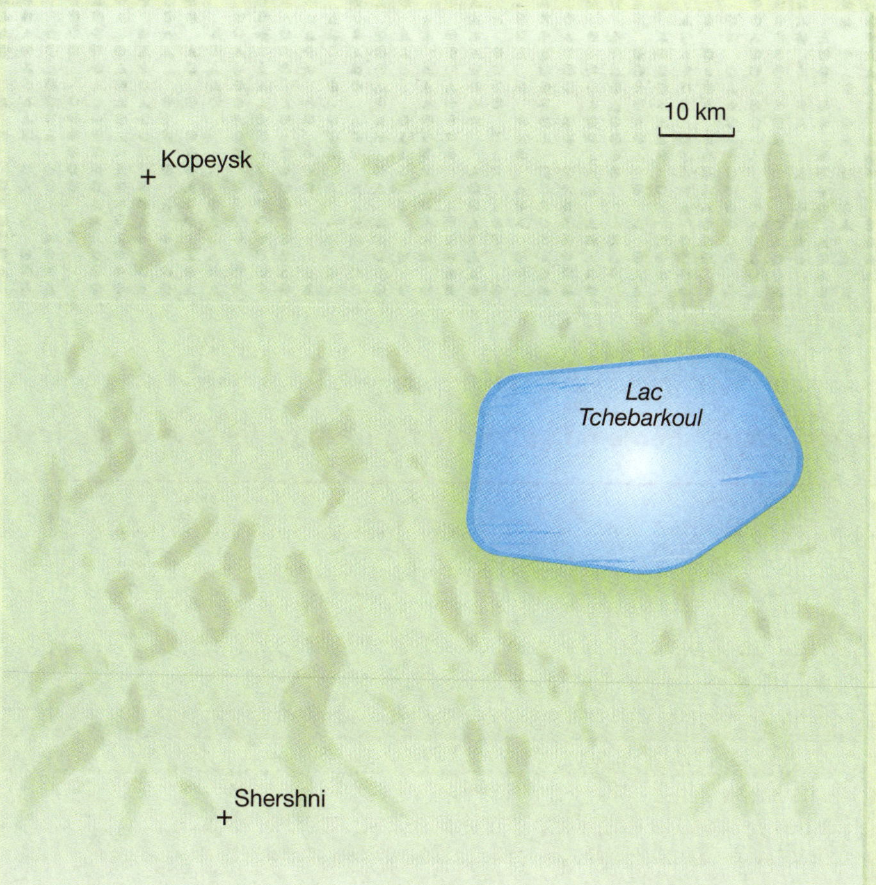

Toute piste de recherche, même non aboutie figurera ci-dessous et sur le document 3.

....

....

....

La plantation

La situation-problème

Thomas doit estimer le nombre d'arbres de chaque sorte dans une plantation sans les compter un à un.
Expliquer quelle méthode il pourrait utiliser.
Estimer à l'aide de cette méthode le nombre de vieux arbres, puis le nombre de jeunes arbres.

Les supports de travail

Le document, la calculatrice, les instruments de géométrie.

Doc. : Un plan de la plantation.

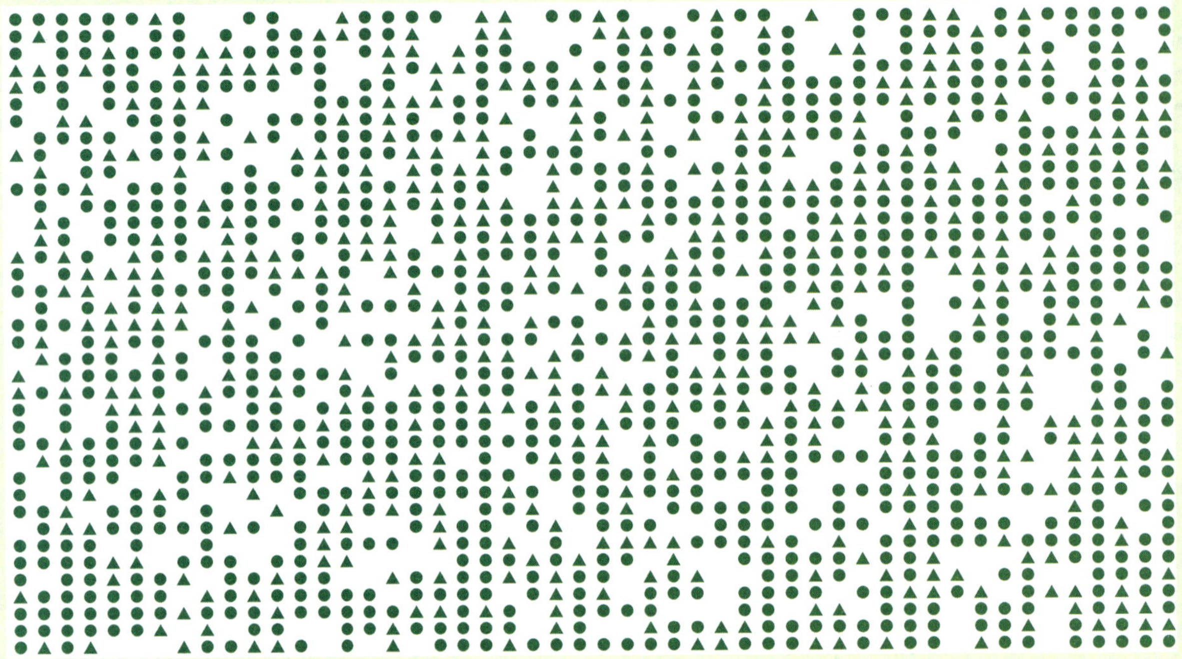

● arbre vieux ▲ arbre jeune

Toute piste de recherche, même non aboutie figurera ci-dessous et sur le document.

....

....

....

....

....

....

....

....

....

....

....

....

Alerte tsunami

La situation-problème

Un système d'alerte permet de détecter un tsunami quand la vague est encore loin des rivages et d'avertir les populations concernées assez tôt pour sauver des vies.
Un puissant séisme s'est produit le 6 février 2013 à 1 h 12 GMT au large des îles Salomon, dans le sud-ouest de l'océan Pacifique.
Une alerte au tsunami a été aussitôt déclenchée dans une grande partie des îles du Pacifique.
À quelle heure locale est arrivée la vague à Hienghène, en Nouvelle-Calédonie ?

Les supports de travail

Les documents, les instruments de géométrie, la calculatrice.

Doc. 1 : Une carte de la région.

Doc. 2 : Des informations horaires.
L'heure GMT est l'heure observée au méridien de Greenwich.
L'heure locale à Hienghène est l'heure GMT + 11 h.

Doc. 3 : La vitesse de la vague.
L'onde du tsunami se déplaçait à raison de 800 km par heure.

Toute piste de recherche, même non aboutie, figurera ci-dessous.

TÂCHES COMPLEXES

La voiture de demain

La situation-problème

Un constructeur de voitures a conçu une voiture « PlusEco » équipée d'une nouvelle technologie.
Ainsi, quand cette voiture consomme du carburant, elle produit un peu de ce carburant.
Aider ce constructeur de voitures à compléter l'affiche publicitaire (Doc. 3).

Les supports de travail

Les documents, la calculatrice.

Doc. 1 : Les renseignements sur la voiture « PlusEco ».

- Son réservoir plein contient 50 litres de carburant.
- Quand elle consomme 8 litres de carburant, elle produit 1 litre de ce carburant.
- Sans compter le carburant produit, elle consomme 3 litres de carburant pour 100 km.

Doc. 2 : Carte du nord de la France.

Doc. 3 : L'affiche publicitaire à compléter.

* par rapport à une voiture classique qui aurait la même consommation que la voiture PlusEco.

Toute piste de recherche, même non aboutie figurera ci-dessous.

Les caméras

La situation-problème

Le propriétaire d'un magasin veut installer des caméras de surveillance pour empêcher les vols dans son magasin.

- Aider le propriétaire à décider si la caméra placée sur le plan n° 1 du magasin est « efficace ».
- Déterminer, sur le plan n° 2, un nouvel emplacement pour la caméra de façon à ce qu'elle couvre une plus grande surface du magasin.
- Placer sur le plan n° 3 un minimum de caméras de façon à ce que tout le magasin soit sous surveillance.

Les supports de travail

Les documents, les instruments de géométrie, la calculatrice.

Doc. 2 : Les caméras.

- Les caméras peuvent tourner sur 360 °.
- Une caméra est dite « efficace » si elle couvre au moins 80 % de la surface du magasin.

Doc. 1 : Les trois plans du magasin.

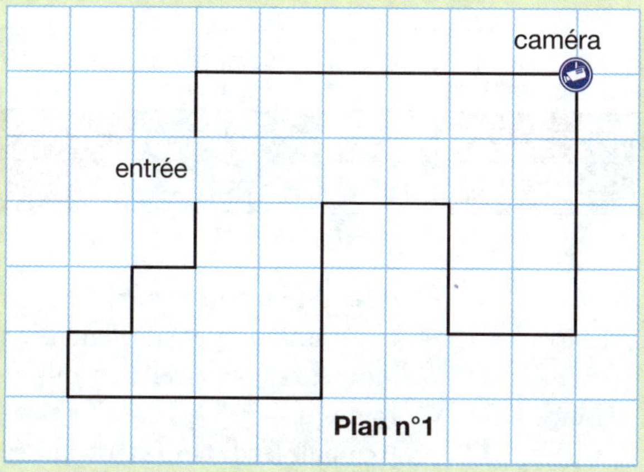

Plan n°1

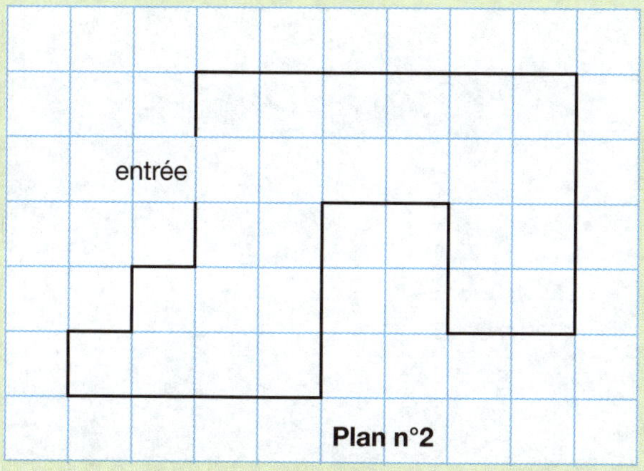

Plan n°2

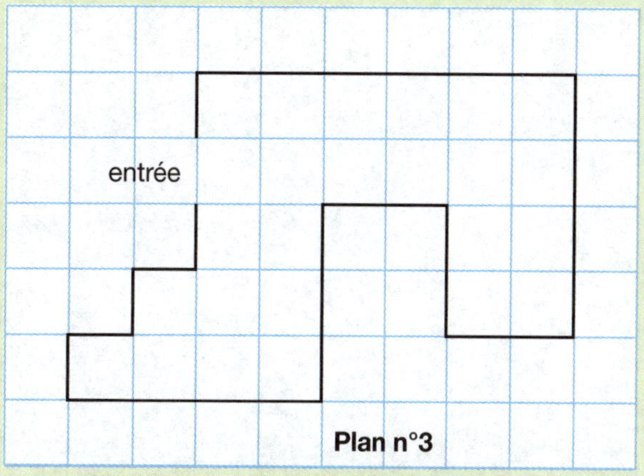

Plan n°3

Toute piste de recherche, même non aboutie figurera ci-dessous et sur le document 1.

....

....

....

....

....

....

Curiosity

La situation-problème

Le rover américain Curiosity s'est posé sur la planète Mars le 6 août 2012.
Il est chargé d'effectuer une série d'analyses de l'atmosphère et du sol de cette planète, afin de savoir si elle a été un jour une planète habitable.
Après quelques jours passés à vérifier ses instruments, Curiosity a commencé à se déplacer.

Tracer sur le Doc. 4 ses déplacements du 29 août au 16 septembre 2012, à partir du point A.

Les supports de travail

Les documents, les instruments de géométrie, la calculatrice.

Doc. 1 : Les données.

date	compteur (en m)	azimut (en °)
29/08	0027	105
30/08	0048	139

date	compteur (en m)	azimut (en °)
01/09	0078	132
04/09	0108	138

date	compteur (en m)	azimut (en °)
15/09	0163	92
16/09	0183	63

Doc. 2 : L'azimut.
L'azimut est l'angle compris entre la direction prise par Curiosity et le Nord.
Il est mesuré depuis le Nord en degrés de 0° à 359° dans le sens des aiguilles d'une montre.

Doc. 3 : Le compteur.
Le compteur a été déclenché au moment où le rover s'est mis en route.
Il cumule les distances parcourues.

Doc. 4 : Le sol de la planète Mars.

Les nageuses

La situation-problème

Un club de natation synchronisée prépare un spectacle qui aura lieu au moment de la fête du lac.
Les nageuses devront former des cercles concentriques (c'est-à-dire qui ont le même centre).

- Placer sur le Doc. 2 les têtes des nageuses qui seront sur le troisième cercle.
- Aider leur entraîneur à déterminer le nombre de nageuses qu'il faudra réunir pour réaliser une figure à cinq cercles.

Les supports de travail

Les documents, les instruments de géométrie, la calculatrice.

Doc. 1 : Une figure à deux cercles.

Doc. 2 : Le plan d'une figure à trois cercles.
Les points rouges représentent les têtes des nageuses.

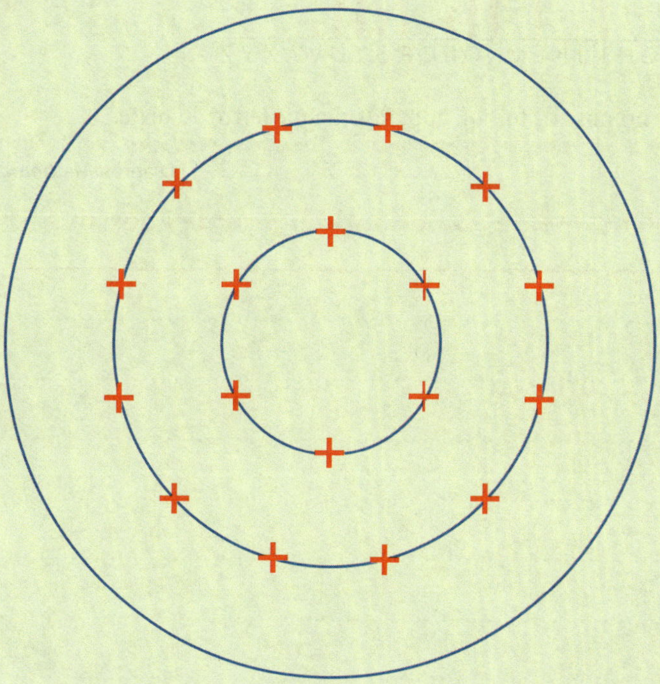

Toute piste de recherche, même non aboutie figurera ci-dessous et sur le document 2.

....

....

....

....

....

Décryptage

La situation-problème

Anatole a écrit un texte, puis il a remplacé chaque lettre de l'alphabet par un signe secret.
En plus, il a supprimé la ponctuation et les espaces.
Qu'avait-il écrit ?

Les supports de travail

Les documents.

Doc. 1 : Le texte d'Anatole.

α ← ↓ △ △ ↓ ▷ ↓ α ◣ ♦ ↓ ▽ ★ ¤ α ← α ← • ♣ → ¤ ◣ ∩ → α ◣ ← α → ∩ ★ ← △ ◣

♣ → ♥ • ↓ ♦ ↓ • → ♣ ★ △ ◣ → ← △ ↓ • ↓ • ← ↓ ♠ α ↓ ↓ ◣ • → ◣ ★ α ◣ ¤ ↓

Doc. 2 : Un diagramme.

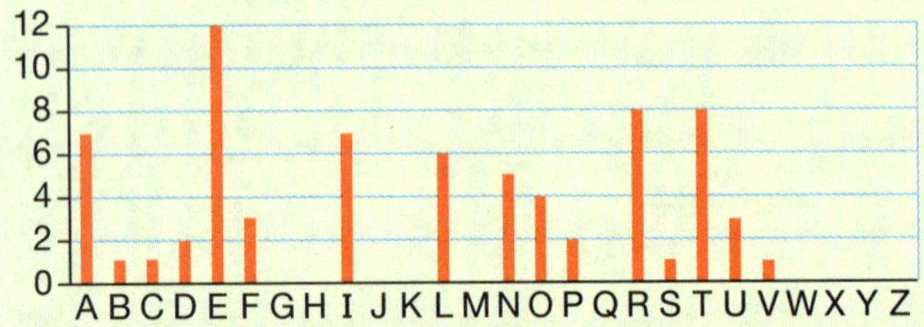

Ce diagramme indique le nombre de fois où apparaît chaque lettre du texte.

Doc. 3 : Des indices.

→ : A
∩ : P
▷ : S
¤ : U

D'après *Mathématiques sans Frontières Junior*

Toute piste de recherche, même non aboutie figurera ci-dessous.